财务软件实用教程

(用友 T3 会计信息化专版)

孙莲香　　主编

清华大学出版社

北　　京

内 容 简 介

本书着重讲解财务管理软件(用友 T3 会计信息化专版)中财务会计业务处理的基本知识和操作方法,使读者在了解会计信息系统基本知识的基础上,系统学习财务管理软件的基本工作原理和会计核算与管理的全部工作过程,掌握总账系统、报表系统、工资及固定资产系统的工作原理和过程,并从管理和监督的角度了解企业会计业务数据处理的流程,掌握利用财务管理软件查找账务和报表资料的方法。

本书为用友会计信息化应用师认证考试的指定教材,可作为各类院校会计、税务、审计及相关经济管理专业财务管理软件课程的教材,也适用于欲掌握财务管理软件应用的人员使用。

图书在版编目(CIP)数据

财务软件实用教程(用友 T3 会计信息化专版)/孙莲香主编. —北京:清华大学出版社,2011.1(2024.8重印)

ISBN 978-7-302-24407-3

Ⅰ.①财… Ⅱ.①孙… Ⅲ.①会计—应用软件,用友 T3 Ⅳ.①F232

中国版本图书馆 CIP 数据核字(2010)第 239047 号

责任编辑: 刘金喜 鲍 芳
封面设计: 久久度文化
版式设计: 孔祥丰
责任校对: 蔡 娟
责任印制: 杨 艳

出版发行: 清华大学出版社
　　　　网　　　址: https://www.tup.com.cn,https://www.wqxuetang.com
　　　　地　　　址: 北京清华大学学研大厦 A 座　　　　　邮　　编: 100084
　　　　社 总 机: 010-83470000　　　　　　　　　　　邮　　购: 010-62786544
　　　　投稿与读者服务: 010-62776969,c-service@tup.tsinghua.edu.cn
　　　　质 量 反 馈: 010-62772015,zhiliang@tup.tsinghua.edu.cn
印 装 者: 北京鑫海金澳胶印有限公司
经　　销: 全国新华书店
开　　本: 185mm×260mm　　　　印　张: 16.25　　　　字　数: 375 千字
　　　　　(附光盘 1 张)
版　　次: 2011年 1 月第 1 版　　　　　　　　　　　印　次: 2024 年 8 月第17次印刷
定　　价: 55.00元

产品编号: 040184-02

前　　言

21 世纪将是一个信息时代，会计作为经济生活不可缺少的一部分，必将更多地运用信息技术。随着计算机技术的飞速发展，Internet 技术和电子商务的广泛应用，财务管理软件的应用平台、开发技术及功能体系也在不断地更新，财务管理软件的应用水平不断提高，应用范围也不断扩大。这些对会计工作、税务工作、审计工作及相关经济管理工作人员对财务管理软件的了解、使用和维护提出了更高的要求。

本书着重讲解财务管理软件(用友 T3 会计信息化专版)中财务会计业务处理的基本知识和操作方法，使读者在了解会计信息系统基本知识的基础上，系统学习财务管理软件的基本工作原理和会计核算与管理的全部工作过程。全书共分为 8 章，主要内容包括：会计信息系统概论、总账管理、现金管理、往来管理、工资管理、固定资产管理、财务报表和上机实验。无论是教材中的例题还是上机实验，都附有实验准备和实验结果账套，可以有效地提高学习的效果。

本书采用案例教学和实践教学相结合的方式，有针对性地介绍完整的实现会计核算和会计管理的应用方案，内容安排合理，文字简明，突出操作技能的训练，能够适应企业管理现代化对会计人员综合素质的要求。本书第 8 章的实验可以供读者有的放矢地进行大量的实际操作，以巩固所学习的理论知识。

本书在内容和结构上突出了如下特点。

1. 实用性

采用案例教学和实践教学的方式，有针对性地学习完整的实现会计核算、购销存业务处理和财务监控一体化解决方案，能够适应企业管理现代化对会计人员综合素质的要求，有效地培养学员的综合实践能力和创新精神，促进学员知识、能力及素质的全方位提高。

2. 综合性

在讲解会计信息系统基本概念的基础上，具体讲解财务管理软件的使用方法，将理论与实践紧密地结合起来。使读者既能掌握会计信息系统的基本理论知识，又能全面了解利用财务管理软件处理会计业务的原理和方法，从而满足熟练使用财务管理软件处理会计业务及进行会计数据综合查询的需要。

3. 系统性

依据企业会计业务处理的过程，全面、系统地介绍财务管理软件的工作原理和使用方法，使学员全面了解财务管理软件的功能、结构和数据流程，系统地掌握财务管理软件的工作原理和数据处理方法。

　　本书为用友会计信息化应用师认证指定教材，可以作为会计及相关专业财务管理软件的教材。参加本书编写的人员都是担任《会计电算化》教学工作多年的教师和企业管理人员，我们衷心希望本书能为促进我国会计信息系统的发展尽一点微薄的力量。

　　本书由孙莲香主编，负责设计全书的总体结构和总纂。参加本书编写的人员还有康秋华、姜艳波、鲍东梅、康晓林、陈江北、王皎、郭莹、刘兆军、江争鸣、刘金秋、赵笛、张家郡、喻霞、王亚丽、秦竞楠、周海滨、苏晓哲、谢彬、庞立军、扈德辉、赵政、沈青丽及刘冬梅。本书是在用友股份有限公司的大力支持下编写完成的，在此深表谢意。

　　限于作者的水平，书中难免存在缺点和不妥之处，诚挚地希望读者对本书的不足之处给予批评指正。

作　者
2010 年 9 月

光盘使用说明

1. 光盘内容

  (1) 用友 T3—用友会计信息化专用教学软件

  (2) 书中的"例题账套备份"

  (3) 第 8 章上机实验的"303 账套备份"

  (4) 用友 T3 互动教学视频

2. 账套说明

  (1) 书中的"例题账套备份"可直接作为教师上课时的课件来使用，免去了在学习新的内容时没有基础数据的烦恼，同时还可以作为学生的课堂练习。

  (2) 第 8 章上机实验的"303 账套备份"使学习每章内容后上机实验得以顺利操作。读者可以在实验前引入相应的账套，也可以将实验结果与备份账套进行核对以验证实验的正确性。

  (3) 光盘中的备份账套均为"只读"文件，在引入账套之前必须将光盘中的备份账套复制到硬盘中并且取消该备份文件的"只读"属性才能使用。

3. 用友 T3 软件安装

  (1) 本书实验是在"用友 T3—用友会计信息化专用教学软件"系统中操作的，您必须先在计算机中安装用友 T3 系统(如果是更高版本的系统，可将备份账套数据升级后再使用)，然后进行实验教程内容的操作。

  (2) "用友 T3—用友会计信息化专用教学软件"的安装请参考光盘中的详细安装说明。

4. 互动教学视频

  为便于教学，用友 T3 提供了互动教学视频，需在系统中安装 Adobe Flash Player 进行观看，具体方法参见光盘中的详细使用说明。

  祝您学习顺利！

目 录

第 1 章

会计信息系统概论

---|教学目的与要求|---

　　本章对会计信息系统的基本概念和发展情况进行概括的介绍，并重点讲述会计信息系统的管理以及建设方法。使读者了解会计信息系统在经济管理中的重要作用，掌握手工与计算机会计信息系统的基本区别，从而为学习会计信息系统的工作原理、内部结构和使用方法奠定基础。

1.1　会计信息系统的基本概念

　　21 世纪是一个信息时代，会计作为经济生活中不可缺少的一部分，也必将更多地运用信息技术。

　　会计是一个信息系统。会计信息处理从手工发展到电算化是会计操作技术和信息处理方式的重大变革。它对会计理论和会计方法提出了一系列新的课题，使传统会计格局逐渐被打破，新的会计思想和理论逐渐确立，从而在推动会计自身发展和变革的同时，也促进了会计信息系统的进一步完善和发展。

1.1.1　信息

1. 数据和信息

　　数据是反映客观事物性质、形态、结构和特征的符号，并能对客观事物的属性进行描述。数据可以是数字、字符、文字或图形等形式。

信息是对数据加工的结果，它可以用文字、数字及图形等形式，反映客观事物的性质、形式、结构和特征等内容，帮助人们了解客观事物的本质。信息必然是数据，但数据未必是信息，信息仅是数据的一个子集，只有经过加工后的有用数据才会成为信息。

尽管数据和信息存在着差别，但在实际工作中由于数据和信息并无严格的界限，因此二者经常被不加区别地使用。在会计处理过程中，经过加工处理后的会计信息，往往又成为后续处理的数据。

2. 会计信息

会计是以货币为主要计量单位，采用专门的方法，对企业和行政事业单位乃至整个国家的经济活动进行连续、完整、系统的反映和监督的一种管理活动。会计信息是指按照一定的要求或需要进行加工、计算、分类和汇总而形成的有用的会计数据，如原始凭证经过数据处理后变成总账及明细账等。由于会计信息在经济管理中有着极其重要的作用，因此，准确、及时是对会计信息的基本要求。

1.1.2 系统

1. 系统

系统是由若干相互联系、相互作用的要素，为实现某一目标而组成的具有一定功能的有机整体。

2. 特点

一般来讲系统具有以下特征。

- **独立性**。每个系统都是一个相对独立的部分。它与周围环境具有明确的界限，但又受到周围环境的制约和影响。
- **整体性**。系统各部分之间存在着相互依存的关系，既相对独立又有机地联系在一起。
- **目标性**。系统是为达到某种特定目标而组织建立起来的。尽管系统中的各组成部分分工不同，但目标却是相同的。
- **层次性**。一个系统由若干部分组成，称为子系统。每个子系统又可分成更小的子系统，因此系统是可分的，相互之间有机结合，具有结构上的层次性。
- **运动性**。随着时间的推移，系统会不断地改变自身的特性以及对环境的适应能力，同时还不断地进行着信息的处理，处于不断运动的状态。

3. 系统的分类

系统根据其自动化程度可以分为人工系统、自动系统和基于计算机的系统。

- **人工系统**。大部分工作都是由人工完成的系统，称作人工系统。
- **自动系统**。大部分工作是由机器自动完成的系统，称作自动系统。

● **基于计算机的系统**。大部分工作是由计算机自动完成的系统，称作基于计算机的系统。

1.1.3　会计信息系统

1. 信息系统

信息系统是以收集、处理和提供信息为目标的系统，它不仅可以收集、输入和处理数据，而且可以存储、管理及控制信息，还能向信息的使用者报告信息，使其达到预定的目标。

2. 信息系统的功能

信息系统的功能可以归纳为以下几个方面。

● **数据的收集和输入**。指将待处理的原始数据集中起来，转化为信息系统所需要的形式，输入到系统中。

● **信息的存储**。数据进入信息系统后，经过加工或整理，得到了对管理者有用的信息。信息系统负责把这些信息按一定的方法存储、保管起来。

● **信息的传输**。为了让使用者方便地使用信息，信息系统能够迅速准确地将信息传送到各个使用部门。

● **信息的加工**。信息系统对进入系统的数据进行加工处理，包括查询、计算、排序和归并等。

● **信息的输出**。信息输出的目的是将信息系统处理的结果以各种形式提供给信息的使用者。

3. 会计信息系统

会计信息系统是一个对会计数据进行采集、存储、加工、传输并输出大量会计信息的系统。它通过输入原始凭证和记账凭证，运用特有的一套计算方法，从价值方面对本单位的生产经营活动以及经营成果进行全面、连续和系统的定量描述，并将账簿、报表、计划分析等输出反馈给各有关部门，为企业的经营和决策活动提供帮助，为投资人、债权人及政府部门提供会计信息，以便更加有效地组织和运用现有资金。

会计信息系统作为企业管理信息系统的一个重要组成部分，其开发与使用的最终目标就是要满足企业现代化管理的需要，这就是说，在特定时期开发出的会计信息系统，其结构与功能必须适应当期的企业管理体制。与此同时，计算机管理系统的开发与应用也会在一定程度上改变企业手工业务处理流程，促进企业管理的规范化和现代化，使企业管理进入一个更高的层次。当企业管理进入一个更高层次后又会反过来要求会计信息系统在结构与功能上进一步发展提高，以适应企业更高层次管理模式的需要。因此，会计信息系统的发展与企业管理的发展是既相互适应又相互推动的。

1.1.4 会计信息系统的特点

会计信息系统有手工会计信息系统和基于计算机的会计信息系统之别，下面分别就这两个系统说明会计信息系统的特点，以此来比较不同处理手段给会计信息系统带来的区别。

1. 手工会计信息系统的特点

手工会计信息系统主要有以下特点。

数据量大

会计信息系统以货币作为主要计量单位，对生产经营活动进行系统、连续、全面与综合的核算和监督。一个企业的生产经营活动涉及到具体的货币资金、债权债务的收支增减变动，具体品种规格的材料物资、机器设备和工具器具的增减变动，这些都要归入会计信息系统，经过加工处理，最后得出反映单位财务状况和经营成果的综合性数据。会计数据核算详细、存储时间长、数据量大，占整个企业管理信息量的 70%左右。

数据结构复杂

会计信息必须反映企业整体的经济活动，主要从资产、负债、所有者权益、费用和损益五个方面进行，因此核算时表现为五大分支体系。这些数据不仅结构层次较多，而且数据处理流程也比较复杂，一项经济业务的发生，可能引起各方面的变化，数据处理也比其他信息处理系统都要错综复杂。

数据加工处理方法要求严格

在会计信息系统中，各项经济业务的处理都必须遵守一套严格的准则和方法，如存货计价、成本计算等从内容到范围、方法，都在会计法规和财经制度中做了明确的规定，因此必须严格按规定执行，不得随意更改。

数据的及时性、真实性、准确性、完整性和全面性等要求严格

会计信息的及时性是对经济活动有效核算和监督的基础，会计信息系统应该及时地向有关部门及个人提供数据，并且将有关资金运动、成本消耗的信息反馈给管理部门，以便管理者能够及时做出正确的决策。

为全面反映经济活动情况，会计信息系统收集的数据必须齐全，不允许有疏漏，保证资料的连续、完整；数据加工的过程也要有高度的准确性，不能有任何差错。只有全面、完整、真实和准确地处理会计数据，才能正确反映单位的经营成果和财务状况，并能准确处理国家、企业及个人之间的财务关系。

安全可靠性要求高

会计信息系统的有关资料包含了企业单位的财务状况和经营成果等全部信息，是重要的历史档案材料，不能随意泄露、破坏和丢失。应采取有效措施加强管理，保证系统数据的安全可靠。

2. 计算机方式下会计信息系统的特点

计算机方式下的会计信息系统,不仅具有电子数据处理系统的共性,而且具有以下几个特征。

及时性与准确性

计算机方式下的会计信息系统,其数据处理更及时、准确。计算机对会计数据的分类、汇总、计算、传递及报告等处理几乎是在瞬时完成的。并且计算机运用正确的处理程序可以避免手工处理出现的错误。计算机可以采用手工条件下不易或无法采用的复杂、精确的计算方法,如材料收发的移动加权平均法等,从而使会计核算工作更细、更深,能更好地发挥其参与管理的职能。

集中化与自动化

计算机方式下的会计信息系统,其各种核算工作都由计算机集中处理。在网络环境中信息可以被不同的用户分享,数据处理更具有集中化的特点。对于大的系统,如大型集团或企业,规模越大,则数据越复杂,数据处理就要求越集中。由于网络中每台计算机只能作为一个用户来完成特定的任务,这使数据处理又具有相对分散的特点。在计算机方式下的会计信息处理过程中,人工干预较少,由程序按照指令进行管理,具有自动化的特点。通过集中化与自动化将会取得更好的效益。

人机结合的系统

会计工作人员是会计信息系统的组成部分,不仅要进行日常的业务处理还要进行计算机软硬件故障的排除。会计数据的输入、处理及输出是手工处理和计算机处理两方面的结合。有关原始资料的收集是计算机化的关键性环节,而原始数据必须经过手工收集、处理后才能输入计算机,由计算机按照一定的指令进行数据的加工和处理,将处理后的信息通过一定的方式存入磁盘,打印在纸张上或通过显示器显示出来。

内部控制更加严格

计算机方式下的会计信息系统,其内部控制制度有了明显的变化,新的内部控制制度更强调手工与计算机结合的控制形式,控制要求更严,内容也更广泛。

1.2　会计信息系统总体结构

会计信息系统的总体结构是指一个完整的会计软件由哪几个子系统组成,每个子系统又完成哪些功能,以及各子系统之间的相互关系等。

会计信息系统是随着信息技术革命和会计学科的发展逐步进步和完善的。早期的会计信息系统所包含的子系统非常少,主要有工资核算、总账及报表等子系统,每个子系统功能相对比较简单，主要是帮助财会人员完成记账、算账和报账等基本核算业务。随着信息技术的革命和会计学科的发展，越来越多新的信息技术被应用于会计信息系统中(如网络技术)，与此同时，随着会计改革的不断深入，有很多先进的会计管理理论和管理方法不断加入到会计信息系统中，使得系统功能不断丰富和完善。到目前为止，会计信息系统已经从核算型发展为管理型，它涵盖了供、产、销、人、财、物以及决策分析等企业经济活动的各个领域，功能不断完善，子系统不断扩展，基本满足了各行各业会计核算和管理的需要。因此，会计信息系统也称为财务及企业管理信息系统。

由于企业性质、行业特点以及会计核算和管理的需求各不相同，会计信息系统所包含的内容也不尽相同，因此其子系统的划分也有所不同。一般认为，会计信息系统由财务系统、购销存系统和管理分析系统组成，每个系统又进一步分解为若干个子系统。

1.2.1 财务系统

财务系统主要包括总账子系统、工资子系统、固定资产子系统、应收子系统、应付子系统、成本子系统、报表子系统以及资金管理子系统等。

1. 总账子系统

总账子系统是以凭证为原始数据，通过凭证的输入和处理，完成记账和结账、银行对账、账簿查询和打印输出，以及系统服务和数据管理等工作。近年来，随着用户对会计信息系统的需求不断提高以及软件开发公司对总账子系统的不断完善，许多商品化总账子系统还增加了个人往来款核算和管理、部门核算和管理、项目核算和管理及现金银行管理等功能。

2. 工资子系统

工资子系统是以职工个人的原始工资数据为基础，完成职工工资的计算，工资费用的汇总和分配，计算个人所得税，查询、统计和打印各种工资表，自动编制工资费用分配转账凭证并传递给账务处理等功能。该系统实现对企业人力资源的部分管理。

3. 固定资产子系统

固定资产子系统主要是对设备进行管理，即存储和管理固定资产卡片，灵活地进行增加、删除、修改、查询、打印、统计与汇总。可对固定资产的变动进行核算，输入固定资产增减变动或项目内容变化的原始凭证后，自动登记固定资产明细账，更新固定资产卡片；并能完成计提折旧和分配，产生"折旧计提及分配明细表"和"固定资产综合指标统计表"等，费用分配转账凭证将自动转入账务处理等子系统，可灵活地查询、统计和打印各种账表。

4. 应收子系统

应收子系统完成对各种应收账款的登记、核销工作；动态反映各客户的信息及应收账款信息；进行账龄分析和坏账估计；提供详细的客户和产品统计分析，帮助财会人员有效地管理应收款。

5. 应付子系统

应付子系统完成对各种应付账款的登记、核销以及分析预测工作；及时分析各种流动负债的数额及偿还流动负债所需的资金；提供详细的客户和产品统计分析，帮助财会人员有效地管理应付款。

6. 成本子系统

成本子系统是根据成本核算的要求，通过用户对成本核算对象的定义，对成本核算方法以及各种费用的分配方法进行选择，自动对从其他系统传递的或用户手工录入的数据汇总计算，输出用户需要的成本核算结果或其他统计资料。

随着企业成本管理意识的增强，很多商品化成本子系统还增加了成本分析和成本预测功能，以满足会计核算的事前预测、事中控制和事后分析的需要。成本分析功能可以对分批核算的产品进行追踪分析、计算部门的内部利润、与历史数据对比分析以及分析计划成本与实际成本的差异。成本预测功能运用移动平均、年度平均增长率，对部门总成本和任意产量的产品成本进行预测，满足企业经营决策的需要。

7. 报表子系统

报表处理子系统主要是根据会计核算数据(如账务处理子系统产生的总账及明细账等数据)完成各种会计报表的编制与汇总工作；生成各种内部报表、外部报表及汇总报表；根据报表数据生成各种分析表和分析图等。

随着网络技术的发展，报表子系统能够利用现代网络通信技术，为行业型、集团型用户解决远程报表的汇总、数据传输、检索查询和分析处理等功能，它既可用于主管单位又可用于基层单位，支持多级单位逐级上报、汇总的应用。

8. 资金管理子系统

随着市场经济的不断发展，资金管理越来越受到企业采购管理者的重视，为了满足资金管理的需求，许多商品化软件提供了资金管理子系统。该系统可实现工业企业、商业企业或事业单位等对资金管理的需求：以银行提供的单据、企业内部单据和凭证等为依据，记录资金以及其他涉及资金管理方面的业务；处理对内、对外的收款、付款、转账等业务；提供逐笔计息管理功能；实现每笔资金的管理；提供积数计息管理功能，实现往来存贷资金的管理；提供各单据的动态查询情况以及各类统计分析报表。

1.2.2 购销存系统

对工业企业而言，购销存系统主要包括采购子系统、存货子系统和销售子系统。对商业企业而言，有符合商业特点的商业进销存系统。

1. 采购子系统

采购子系统是根据企业采购业务管理和采购成本核算的实际需要，制定采购计划，对采购订单、采购到货以及入库状况进行全程管理，为采购部门和财务部门提供准确及时的信息并辅助管理决策。有很多商品化会计软件将采购子系统和应付子系统合并为一个系统——采购与应付子系统，以便更好地实现采购与应付业务的无缝连接。

2. 存货子系统

存货子系统主要针对企业存货的收发存业务进行核算，掌握存货的耗用情况，及时准确地把各类存货成本归集到各成本项目和成本对象上，为企业的成本核算提供基础数据。此外，能动态反映存货资金的增减变动，提供存货资金周转和占用的分析，为降低库存、减少资金积压和加速资金周转提供决策依据。

3. 销售子系统

销售子系统是以销售业务为主线，兼顾辅助业务管理，从而实现销售业务管理与核算一体化。销售子系统一般和存货中的产成品核算相联系，实现对销售收入、销售成本、销售费用、销售税金及销售利润的核算，生成产成品收发结存汇总表等表格和产品销售明细账等账簿，并且自动编制机制凭证供总账子系统使用。

有很多商品化会计软件将销售子系统和应收子系统合并为一个系统——销售与应收子系统，以便更好地实现销售与应收的无缝连接。

4. 商业进销存系统

商业进销存系统是以商品销售业务为主线，将商品采购业务、存货核算业务以及销售业务有机地结合在一起，实现进销存核算与管理一体化的子系统。

1.2.3 管理分析系统

随着会计管理理论的不断发展和在企业会计实务中的不断应用，人们越来越意识到会计管理的重要性，对会计信息系统也提出了更高的要求：它不仅能够满足会计核算的需要，还应该满足会计管理的需要，即在经济活动的全过程中进行事前预测、事中控制和事后分析，为企业管理和决策提供支持。目前管理分析系统一般包括：财务分析、流动资金管理、投资决策、筹资决策、利润分析和销售预测、财务计划、领导查询以及决策支持等子系统。

目前我国商品化管理分析系统并不完善，很多子系统还未被开发，有些正处于开发阶段。

下面简单介绍几个已被使用的基本子系统的功能。

1. 财务分析子系统

财务分析子系统的功能是从会计数据库中提取数据，运用各种专门的分析方法对财务数据作进一步的加工，生成各种分析和评价企业财务状况及经营成果的信息，并编制预算和计划，考核预算计划的执行情况。

2. 领导查询子系统

领导查询子系统是企业管理人员科学、实用、有效地进行企业管理和决策的一个重要帮手。它可以从各子系统中提取数据，并将数据进一步加工、整理、分析和研究，按照领导的要求提取有用信息(如资金快报、现金流量表、费用分析表、计划执行情况报告、信息统计表和部门收支分析表等)，并以最直观的表格和图形进行显示。在网络计算机会计信息系统中，领导还可以在自己的计算机中及时、全面了解企业的财务状况和经营成果。

3. 决策支持子系统

决策支持子系统是利用现代计算机、通信技术和决策分析方法，通过建立数据库和决策模型，再利用模型向企业的决策者提供及时、可靠的财务、业务等信息，帮助决策者对未来的经营方向和目标进行量化分析和论证，从而对企业生产经营活动做出科学的决策。

以上讨论了会计信息系统的总体结构，即会计信息系统包括哪些子系统，各子系统的基本功能，以及它们之间的相互关系。然而，不同的单位由于其所处的行业不同，会计核算和管理需求不同，因此，其会计信息系统的总体结构和应用方案也不尽相同。在建立会计信息系统时应该根据行业的特点和企业的规模等具体情况考虑会计信息系统结构和应用方案。

1.3 会计信息系统的发展

管理水平的提高和科学技术的进步对会计理论、会计方法和会计数据处理技术提出了更高的要求，使会计信息系统从简单到复杂、由落后到先进、由手工到机械、由机械到计算机。会计信息系统是不断发展、不断完善的。

1.3.1 国外会计信息系统的发展

在国外，会计电算化起步于 20 世纪 50 年代，1954 年美国通用电气公司第一次利用计算机计算职工工资，开创了电子数据处理会计的新起点。这个时期计算机在会计领域的应用主要是核算业务的处理，目的主要是用计算机代替手工操作，减轻日常烦琐的手工登录与计算劳动，减少差错，提高会计工作效率。

从 20 世纪 50~60 年代，会计电算化发展到了建立会计信息系统阶段，在会计处理中，人们开始利用计算机对会计数据从单项处理向综合数据处理转变，除了完成基本账务处理外，还带有一定的管理和分析功能，为经济分析、经济决策提供会计信息。

20 世纪 70 年代，计算机技术迅猛发展，随着计算机网络技术的出现以及数据库系统的广泛应用，形成了网络化的电子计算机会计信息系统。电子计算机的全面使用，使各个功能系统可以共享存储在计算机上的企业生产经营成果数据库，从而极大提高了工作效率和管理水平。

20 世纪 80~90 年代，由于微电子技术蓬勃发展，微型计算机大批涌现，使会计信息系统得到迅速发展。特别是微型机通过通信电路形成计算机网络，提高了计算和处理数据的能力，微型机开始走入中小企业的会计业务处理领域，并得到迅速普及，财会人员不再视电子计算机为高深莫测的计算工具。

时至今日，美国、日本及德国等西方发达国家的会计信息系统已经发展到了较为完善的程度。

1.3.2　我国会计信息系统的发展

我国的会计电算化工作始于 1979 年，其代表项目是财政部支持并直接参与的在长春第一汽车制造厂进行的会计电算化试点工作。1981 年 8 月在财政部、一机部和中国会计学会的支持下，在长春召开了"财务、会计、成本应用计算机问题研讨会"，以总结这一工作的经验和成果。在这次会议上提出，计算机在会计工作中的应用统称为"会计电算化"。以此开始，随着计算机在全国各个领域的应用推广和普及，计算机在会计领域的应用也得以迅速发展。

我国会计信息系统的发展大体可分为以下四个阶段。

1．起步阶段(1983 年以前)

这个阶段起始于 20 世纪 70 年代少数企事业单位单项会计业务的电算化，那时计算机技术应用到会计领域的范围十分狭窄，涉及到的业务内容十分单一，最为普遍的是工资核算的电算化。在这个阶段，由于会计电算化人员很少、计算机硬件比较昂贵并且软件汉化也不理想，因此会计电算化没有得到高度重视，致使会计电算化发展比较缓慢。

2．自发发展阶段(1983 年—1986 年)

这个阶段，全国掀起了计算机应用的热潮，加上计算机在国内市场上大量出现，企业也有了开展电算化工作的愿望，纷纷组织力量开发财务软件。但是这一时期由于会计电算化工作在宏观上缺乏统一的规范、指导和相应的管理制度，加之我国计算机在经济管理领域的应用也同样处于发展的初级阶段，开展会计电算化的单位也没有建立相应的组织管理制度和控制措施，使得大多数会计电算化工作和会计软件开发的单位各自为政，盲目自行组织和开发软件，低水平重复开发现象严重。会计软件的通用性、适用性差；财务软件一家一户地自行开发，投资大、周期长、见效慢，造成大量的人力、物力和财力的浪费。针对这种情况，我国开始了对会计电算化实践经验的总结和理论研究工作，并逐步培养既懂会计又懂计算机的复合型人才。

3. 稳步发展阶段(1987 年—1996 年)

在这一阶段,财政部和中国会计学会在全国大力推广会计电算化并加强了会计电算化的管理工作,各地区财政部门以及企业管理部门也逐步开始对会计电算工作进行组织和管理,使会计电算化工作走上了有组织、有计划的发展轨道,并得到了蓬勃的发展。这个阶段的主要标志是:商品化财务软件市场从幼年已走向成熟,初步形成了财务软件市场和财务软件产业;一部分企事业单位逐步认识到开展会计电算化的重要性,纷纷购买或自行开发财务软件,甩掉了手工操作,实现了会计核算业务的电算化处理;在会计电算化人才培养方面,许多中等或专科院校开设了会计电算化专业,在大学本科教育中,会计学及相关专业也开设了会计电算化课程,在对在职财会人员的培训中,也加大了会计电算化的培训力度;与单位会计电算化工作的开发相配套的各种组织管理制度及其控制措施逐步建立和成熟起来,会计电算化的理论研究工作开始取得成效。

4. 竞争提高阶段(1996 年至今)

随着会计电算化工作的深入开展,特别是在财政部及各省市财政部门的大力推广下,财务软件市场进一步成熟,并出现激烈竞争的态势,各类财务软件在市场竞争中进一步拓展功能,各专业软件公司进一步发展壮大。这一阶段的主要标志为:国外一些优秀的财务软件进入并开始在国内市场立足;国内老牌专业财务软件公司迅速壮大发展,如用友软件年销售额已突破亿元,一批后起之秀也迅速发展,如深圳金蝶、山东国强以及杭州新中大等专业的财务软件公司。管理型财务软件的成功开发及推广应用,进一步拓展了财务软件的功能,提高了计算机在财务会计领域中的作用。与此同时还加快了会计电算化专业人才的培养,特别是加大了中高级人才的培养力度,使会计电算化研究方向的研究生进一步增加,并开始在会计电算化方向设立博士生。另外,部分专业的财务软件公司在成功推广应用管理型财务软件的基础上,又开始研制并试点推广 MRP II 和 ERP 软件。

1.3.3 会计信息系统的发展趋势

1. 会计信息化进一步得到普及和推广

近几年,我国财务软件水平提高很快,一些国产软件产品很受欢迎,为基层单位开展会计电算化工作提供了前提条件;尤其在各级政府的支持下以及社会各界的努力下,国内不断掀起会计电算化知识培训的热潮,为全面普及会计电算化奠定了人才基础。为促进会计电算化的普及和推广,财政部曾提出,争取到 2010 年 80%以上的基层单位基本实现会计电算化,从根本上扭转会计信息处理手段落后的状况。目前,这一目标已基本实现。

2. 会计信息化的开展与管理将更加规范和标准

为搞好会计信息化管理制度的建设,应不断完善会计信息化管理制度,运用新的管理手段,进一步组织实施已有的管理办法。目前财政部已制定颁发了会计电算化的管理规章,随着这些规章的贯彻实施,会计信息化管理工作将更加规范。

3. 会计软件的开发向着工程化和商品化发展

会计软件商品化加速了我国商品化会计市场的形成。目前会计软件的开发已从以往的经验开发转向科学化、工程化开发，一些会计软件公司集中各种软件技术专家，开发通用化、规范化的会计软件，并通过提高软件的实用性、功能性和可靠性且以良好的售后服务进行竞争。随着商品化会计软件的日益增多和成熟，我国商品化的会计软件市场将不断成熟和完善。

4. 会计软件更加注重功能上的综合化和技术上的集成化

企业的生产经营活动是一个相互联系、相互制约的有机整体，会计不仅要综合反映和监督企业的财务状况和经营成果，而且要参与和支持企业的生产经营和管理活动。企业供、产、销各个环节的经营好坏，人、财、物各项消耗的节约与浪费，都直接影响企业的财务状况和经营成果。因此，要开展预测、决策、控制和分析等工作，不仅需要财会数据，而且还必须有供、产、销等方面的经济信息，这就要求会计电算化系统应首先具备综合组织管理这些数据的能力，并在对这些数据综合处理的基础上，进一步利用系统数据进行统计、分析及预测等处理，使原来单一的会计核算发展为集核算、监督、管理、控制、分析、预测和决策支持为一体的综合系统。

5. 会计数据处理的大量化和多维化

要实现预测、决策、控制、管理和分析，不仅需要企业的内部数据，还需要企业外部数据及历史数据，并且需要反映企业生产经营活动的会计数据和市场、物价、金融、政策和投资等经济数据，系统数据量明显加大。另外，为了有效支持预测、决策的实施，需要对各项数据进行多维分析与观察。目前新推出的数据仓库、联机分析处理及数据挖掘等技术，为大量数据的处理和存储提供了有力的支持，如数据的多维分析与观察。

6. 会计信息系统的网络化与智能化

计算机网络技术，特别是局域网已广泛应用于会计电算化系统，这使会计电算化系统实现了各个工作站的并发操作、统一管理和数据共享。随着集团公司的发展和全国各地分支机构的建立，一些企业提出了更高的要求，如中远程数据传输、中远程数据查询、中远程维护和合并会计报表的编制等。计算机网络技术的发展，为会计电算化系统满足企业的需求提供了强大的技术支持。另一方面，随着市场经济的发展，影响经济变化的因素越来越复杂，预测、决策、管理、控制和分析的难度也越来越大，除了要不断提高工作人员的信息处理水平、加大数据量的采集和运用以外，还要逐步实现信息系统的智能化，利用人工智能研究成果，采集专家的经验和智慧，用以辅助企业的经营管理决策等，所有这些对软件智能化的要求同样是会计电算化软件今后的努力目标。

7. 会计信息化专门人才队伍的形成

会计信息化人才的培养一直是会计信息化的重点工作之一，在财政部门和有关教育部门的领导支持和大力推动下，目前我国已培养了一批会计电算化的专业人员，但是与会计信息系统的发展以及企业和市场的需求相比，财会人员的会计电算化水平还相差很远，专业的会计电算化人员特别是具有中高级技术水平的人才仍然很缺乏，人才的缺乏必定会阻碍会计信息系统的发展。因此，加强对会计电算化专门人才的培养从而形成和壮大会计电算化专门人才队伍是会计信息系统发展的必然趋势。

1.4　会计信息系统的管理

会计信息系统管理分为宏观管理和微观管理。宏观管理是指国家、行业或地区为保证会计工作的顺利开展和电算化后的会计工作质量而制定的办法、措施和制度。管理制度的完善和贯彻，是做好会计工作的关键，为会计信息系统能够从一开始就进入规范化、程序化轨道提供重要保证。微观管理是指基层单位对已建立的会计信息系统进行全面管理，保证系统安全、正常运行，一般包括建立内部控制制度、系统运行管理和会计档案管理等内容。

1.4.1　会计信息系统的宏观管理

会计信息系统是管理信息系统的重要组成部分，各级财政部门在会计信息系统的宏观管理中具有法律的领导地位和职责。会计信息系统的宏观管理是国家履行政府职能的重要内容，应从制度、软件及人才等多方面予以引导和支持。会计信息系统宏观管理的主要任务如下。

1. 制定会计信息系统的发展规划

会计信息系统总体规划应以一定时期、一定地区的发展战略目标为依据，结合本单位的实际情况来制定。发展规划应包含以下内容：会计信息系统的建设目标和总体结构，计算机会计信息系统建立的途径，系统的硬、软件配置，确定工作步骤及会计信息系统建设工作的管理体制和组织机构，制定专业人员的培训与配备计划，确定资金的来源及预算等。制定会计信息系统的发展规划是建设会计信息系统的战略计划，也是决定系统成败的关键。

2. 制定会计信息系统管理规章及专业标准

为保证会计信息系统的健康发展，制定会计电算化宏观管理规章及专业标准是非常必要的。国际会计师联合会(IFAC)分别于 1984 年 2 月、10 月和 1985 年 6 月公布了《电子数据处理环境下的审计》、《计算机辅助审计技术》和《电子计算机数据处理环境对会计制度和有关的内部控制研究与评价的影响》。我国财政部于 1989 年 12 月发布了全国性会计电算化管理规章《会计核算软件管理的几项规定(试行)》；1990 年 7 月发布了《关于会计核算软件评审问题的补充规定(试行)》;并根据《中华人民共和国会计法》的有关规定,于 1994 年 6 月 30 日重新发布了《会计电算化管理办法》、《商品化会计核算软件评审规则》和《会计核算软件基本功能规范》三项规章制度;为指导基层单位开展会计电算化工作,1996 年我国发布了《会计电算化工作规范》;为了进一步推动会计信息化的发展,2009 年财政部发布了《关于全面推进我国会计信息化工作的指导意见》。以上都是目前指导我国会计信息系统建设工作最重要的文件。

3. 大力抓好人才的培养

人才是会计信息系统建立和发展的关键,人才培养既是会计信息系统宏观管理的需要,也是企业单位会计信息系统建设工作的需要。只有培养出众多既懂计算机又懂会计业务的人才,才能加快会计信息系统的进程和水平的提高。人才培养既要避免人才匮乏又要避免人才的浪费,要求合理地进行多层次、多渠道、多形式的培养,合理地规划。因此,要把会计信息系统人才培养作为会计信息宏观管理的重要内容之一。特别是各级财政和主管部门应培养一批会计信息系统专业管理人员,对本地区、本行业、本部门会计信息系统建设工作进行统一协调、组织、管理和指导。避免盲目开展,各自为政。企事业单位会计信息系统到底需要配备什么样的人才,主要由单位开展计算机会计工作的方式和程序来决定。

4. 推动会计信息系统理论研究

会计信息系统的发展需要理论研究的支持和指导。各级财政主管部门应在宏观管理中注重理论研究工作,坚持百花齐放、百家争鸣的方针,鼓励支持从事会计信息系统实际工作的人员学习理论、开展研究,做到理论和实际相结合。

1.4.2　会计信息系统的微观管理

为了对会计信息系统进行全面管理,保证系统安全、正常运行,在企业中应切实做好会计信息系统的内部控制、操作管理以及会计档案管理等工作。

1. 建立内部控制制度

内部控制制度是为了保护财产的安全完整,保证会计及其他数据正确可靠,保证国家有关方针、政策、法令、制度和本单位制度、计划的贯彻执行,提高经济效益,利用系统的内部分工产生相互联系的关系,形成一系列具有控制职能的方法、措施和程序的一种管理制度。内部控制制度基本作用如下。

- 保护财产安全完整。
- 提高数据的正确性、可靠性。

贯彻执行方针、政策、法令、制度、计划,是审计工作的重要依据。

内部控制制度的基本目标是健全机构、明确分工、落实责任及严格操作规程,以此来充分发挥内部控制作用。其具体目标如下。

- **合法性**。保证处理的经济业务及有关数据符合有关规章制度。
- **合理性**。保证处理的经济业务及有关数据有助于提高经济效益和工作效率。
- **适应性**。适应管理需要、环境变化和例外业务。
- **安全性**。保证财产和数据的安全,具有严格的操作权限、保密功能、恢复功能和防止非法操作功能。
- **正确性**。保证输入、加工、输出数据正确无误。
- **及时性**。保证数据处理及时,为管理提供信息。

单位开展会计信息系统建设工作应从人员培训、经费使用以及工作规划等方面加强管理。

2. 建立岗位责任制

建设会计信息系统应建立健全的会计工作岗位责任制,要明确每个工作岗位的职责范围,切实做到事事有人管、人人有专职、办事有要求、工作有检查。按照会计信息系统的特点,在实施会计信息系统建设过程中,各单位可以根据内部控制制度和本单位的工作需要,对会计岗位进行重新划分和调整,设立必要的工作岗位。

如设置会计电算化后,工作岗位可分为基本会计岗位和电算化会计岗位。

基本会计岗位可分为:会计主管、出纳、会计核算、稽核和会计档案管理等,各岗位与手工会计的岗位相对应。基本会计岗位必须是持有会计证的会计人员,未取得会计证的人员不得从事会计工作。基本会计工作岗位可以一人一岗、一人多岗或一岗多人,但应当符合内部控制制度的要求。出纳人员不得兼管稽核、会计档案保管以及收入、费用、债权债务账目的登记工作。另外,基本会计岗位的会计人员还应当有计划地进行轮换以及实行回避制度。

电算化会计岗位是指直接管理、操作、维护计算机及会计软件系统的工作岗位。实行会计电算化的单位要根据计算机系统操作、维护以及开发的特点,结合会计工作的要求,划分会计电算化岗位。大中型企业和使用大规模会计电算化系统的单位,电算化可设立如下岗位。

- **电算主管**。负责协调计算机及会计软件系统的运行工作。要求具备会计和计算机应用知识以及有关的会计电算化组织管理的经验。电算化主管可由会计主管兼任。采用大中型计算机和计算机网络财务软件的单位,应设立此岗位。
- **软件操作**。负责输入记账凭证和原始凭证等会计数据,并输出记账凭证、会计账簿、报表和进行部分会计数据处理工作。要求具备会计软件操作知识,达到会计电算化初级知识培训水平。各单位应鼓励基本会计岗位的会计人员兼任该岗位的工作。
- **审核记账**。负责对已输入计算机的会计数据(记账凭证和原始凭证等)进行审核,保证记账凭证的真实性、准确性,操作会计软件登记机内账簿,对打印输出的账簿、报表进行确认。此岗位要求工作人员具备会计和计算机应用知识,达到会计电算化初级知识培训水平，可由主管会计兼任。

- **电算维护**。负责保证计算机硬件、软件的正常运行，并管理机内会计数据。此岗位要求具备计算机应用知识和会计知识，经过会计电算化中级知识培训。采用大中型计算机和计算机网络会计软件的单位，应设立此岗位，并且应由专职人员担任。但维护员不应对实际会计数据进行操作。

- **电算审查**。负责监督计算机及会计软件系统的运行，防止利用计算机进行舞弊。审查人员要求具备会计和计算机应用知识，且达到会计电算化中级知识培训水平。此岗位可由会计稽核人员或会计主管兼任。采用大中型计算机和大型会计软件的单位，可设立此岗位。

- **数据分析**。负责对计算机内的会计数据进行分析。要求具备计算机应用和会计知识，达到会计电算化中级知识培训的水平。采用大中型计算机和计算机网络会计软件的单位，可设立此岗位。此工作也可由主管会计兼任。

- **档案管理**。负责磁盘或光盘等数据、程序的保管，打印输出账表、凭证等各种会计档案资料的保管工作，做好数据及资料的安全保密工作。

- **软件开发**。主要负责本单位会计软件的开发和软件维护工作。由本单位人员进行会计软件开发的单位，可设立此岗位。

在实施会计信息系统过程中，各单位可根据内部牵制制度的要求和本单位的工作需要，参照上述电算化会计岗位进行内部调整和增设必要的工作岗位。基本会计岗位与电算化会计岗位，可在保证会计数据安全的前提下交叉设置，各岗位人员应保持相对的稳定。由本单位进行会计软件开发，还可增设软件开发岗位。小型企事业单位设立电算化岗位，应根据实际需要对上述岗位进行适当的合并。

3. 操作管理

实施会计电算化后，系统的正常、安全、有效运行的关键是操作使用。操作管理主要体现在建立与实施各项操作管理制度上。如果单位的操作管理制度不健全或实施不得力，都会给各种非法舞弊行为以可乘之机。如果操作不正确，会造成系统内的数据的破坏或丢失，影响系统的正常运行；也会造成录入数据的不正确，影响系统的运行效率，直至输出不正确的账表。因此，单位应建立健全操作管理制度并加以严格控制，以保证系统的正常、安全、有效运行。

操作管理的任务是建立计算机会计系统的运行环境，按规定录入数据，执行各自模块的运行操作，输出各类信息，做好系统内有关数据的备份及出现故障时的恢复工作，确保计算机系统的安全、有效和正常运行。操作管理制度主要包括以下内容。

- **规定操作人员的使用权限**。通常由会计主管或系统管理员为各类操作人员设置使用权限和操作密码，规定每一个人可以使用的功能模块和可以查询打印的资料范围，未经授权，不得随便使用。在授权时应注意，系统的开发人员、维护人员不得担任操作工作，而出纳人员也不得单独担任除登记日记账以外的其他操作，对不同的操作人员规定不同的操作权限，而且要对企业的重要会计数据采取相应的保护措施，未经授权的人一律不得上机。

- 操作人员上机必须登记，包括姓名、上机时间、操作内容、故障情况和处理结果等，上机操作记录必须由专人保管。
- 操作人员必须严格按照会计业务流程进行操作。要预防已输入计算机的原始凭证和记账凭证未经审核就登记在机内账簿上。已输入的数据发生错误应根据不同情况进行留有痕迹的修改。
- 为确保会计数据和会计软件的安全保密，防止对数据和会计软件的非法修改和删除，操作人员应及时做好数据备份工作，对磁性介质存放的数据要保存双备份，以防发生意外。
- 为避免计算机病毒的侵入，操作人员不得使用外来软盘，如必须使用则要先进行病毒检查，健全计算机硬件、软件出现故障时进行排除的管理措施，确保会计数据的安全性与完整性。

4. 维护管理

系统的维护包括软件维护和硬件维护两部分。软件维护主要包括正确性维护、适应性维护及完善性维护三种。

- **正确性维护**。诊断和清除错误的过程。
- **适应性维护**。当单位的会计工作发生变化时，为了适应会计工作的变化而进行的软件修改活动。
- **完善性维护**。为了满足用户在系统功能上的需求而进行的软件修改活动。

此外，软件维护还可分为操作性维护与程序性维护两种。

- **操作性维护**。利用软件的各种自定义功能来修改软件，以适应其变化。
- **程序性维护**。需要修改程序的各项维护工作。

维护是系统整个生命周期中最重要、最费时的工作，它应贯穿于系统的整个生命周期，不断地重复进行，直至系统过时和报废为止。现有的统计资料表明：在软件系统生命周期各部分的工作量中，软件维护的工作量一般占 50% 以上。因此，各单位应加强维护工作的管理，保证软件故障的及时排除，满足单位会计工作的需要。加强维护管理是系统安全、有效和正常运行的保证之一。

在硬件维护工作中，较大的维护工作一般是由销售厂家进行的。使用单位一般可不配专职的硬件维护员，可直接由软件维护员担任，即通常所说的系统维护员。

对于自行开发软件的单位一般应配备专职的系统维护员。系统维护员负责系统的硬件设备和软件的维护工作，及时排除故障，确保系统能正常运行，并负责日常的各类代码、标准摘要、数据及源程序的正确性及适应性维护，有时还负责完善性的维护。

维护的管理工作主要通过制定维护管理制度和组织实施来实现。维护管理制度主要包括以下内容：系统维护的任务、维护工作的承担人员、软件维护的内容、硬件维护的内容、系统维护的操作权限以及软件修改的手续。

5. 机房管理

保证计算机机房设备的安全和正常运行是实施会计电算化的前提条件。因此设立机房有两个目的，一是给计算机设备创造一个良好的运行环境，保护计算机设备；二是防止各种非法人员进入机房，保护机房内的设备、机内的程序与数据的安全。以上是通过制定与贯彻执行机房管理制度来实施的。因此，机房管理的主要内容包括机房人员的资格审查，机房内的各种环境、设备要求，机房中禁止的活动和行为，设备和材料进出机房的管理要求等。

6. 档案管理

会计档案管理主要是建立和执行会计档案立卷、归档、保管、调阅和销毁等管理制度。实施会计电算化后，大量的会计数据存储在磁盘中，而且还增加了各种程序、软件等资料，各种账表也与原来的有所不同，主要为打印账表。这些都给原有的档案管理工作提出了新的要求，即加强会计档案的管理。这里的档案主要是指打印输出的各种账簿、报表以及凭证；存储会计数据和程序的软盘及其他存储介质；系统开发运行中编制的各种文档以及其他会计资料。档案管理的任务是负责系统内各类文档资料的存档、安全保管和保密工作。有效的档案管理是存档数据安全、完整与保密的有效保证。档案管理一般也是通过制定与实施档案管理制度来实现的。档案管理制度一般包括以下内容。

- **存档的手续**。主要是指各种审批手续，比如打印输出的账表。必须有会计主管、系统管理员的签章才能存档保管。
- **各种安全保证措施**。比如备份软盘应贴上写保护标签，存放在安全、洁净、防热和防潮的场所。
- **档案使用的各种审批手续**。调用源程序应由有关人员审批，并记录下调用人员的姓名、调用内容及归还日期等。
- **各类文档的保存期限及销毁手续**。打印输出账簿应按《会计档案管理办法》的规定保管期限进行保管。
- **档案的保密规定**。对任何伪造、非法涂改或更改、故意毁坏数据文件、账册和软盘等行为进行相应的处理。

7. 病毒预防

计算机病毒是危害计算机信息系统的一种新手段，它可以危害或破坏计算机资源。轻则中断或干扰信息系统的工作，重则破坏机内数据造成系统重大甚至是无可挽回的损失。因此，在会计信息系统的运行过程中必须充分重视计算机病毒问题。

病毒感染的具体表现主要有：侵害计算机的引导区或破坏文件分区表，使系统无法启动或调用文件；系统无法调用某些外部设备，如打印机、显示器等，但这些设备本身并无故障；系统内存无故减少，软件运行速度减慢甚至死机；在特定的日期，当前运行的文件突然被删除；用户存储在硬盘上的文件被无故全部删除；正在运行的计算机突然无故重新启动；突然格式化特定的磁道、扇区甚至整个磁盘；屏幕突然出现弹跳的小球、字符或某些特定的图形等。除以上表现外。一般来说只要正在工作的计算机发生突然的非正常运行，通常都应首先怀疑是计算机病毒在作怪。

根据病毒的特点和侵害过程，防范计算机病毒的主要措施有：

- 建立网络防火墙抵御外来病毒或"黑客"对网络系统的非法入侵。
- 使用防病毒软件经常对计算机系统进行检查以防止病毒对计算机系统的破坏。
- 不断改进数据备份技术并严格执行备份制度，从而将病毒可能造成的损失降低到最小程度。

目前出现一些可以对受到破坏的数据进行抢救的软件，这些软件甚至可以在对硬盘进行格式化后，恢复硬盘中原来所保存的数据。有条件的单位应根据需要置备这些软件以便在必要时抢救机内数据。

1.5 会计信息系统的实施过程

会计信息系统的建设是一个系统工程，是基层单位会计信息系统建设工作的具体实施过程。会计信息系统的建设除了配备计算机等硬件设备、操作系统、会计软件以外，还需要进行组织规划、建立会计信息系统工作机构、完善计算机软硬件管理制度以及进行人员培训等。

1.5.1 会计信息系统的计划与组织

制定会计信息系统的组织是指为适应电算化的需要，设置单位电算化的机构并调整原有会计部门的内部组织。会计信息系统的组织工作涉及单位内部的各个方面，需要人力、物力、财力等多项资源。因此，必须由单位领导或总会计师亲自抓这项工作，成立一个制定本单位会计信息系统发展规划和管理制度、组织会计信息系统的建立和本单位财务人员培训并负责会计信息系统投入运行的组织策划机构。

在会计信息系统的具体实施过程中，必须制定一个详细的实施计划，对在一定时期内要完成的工作有一个具体的安排。各单位的财会部门，是会计工作的主要承担者，负责制定本单位会计信息系统的具体实施计划和方案。在制定时，应从本单位的具体情况出发，按照循序渐进、分步实施的原则进行，有计划、有步骤地安排实施机构及人员的配置、计算机设备的购置、软件开发及购置以及其他相关费用的预算安排等，使单位能从整体上合理安排人力、物力和财力。

1.5.2 配备计算机硬件和系统软件

1. 硬件

计算机硬件包括主机、显示器、打印机和键盘等，配备计算机硬件是指会计电算化所需硬件系统的构成模式。目前主要有单机系统、多用户系统和计算机网络系统等模式。

单机系统是指整个系统中只配置一台计算机和相应的外部设备，所使用的计算机一般为微型计算机，同一时刻只能供一个用户使用。单机系统具有投资规模小、见效快的特点，适合会计电算化初期或核算简单、经济和技术力量比较薄弱的小型单位，但其可靠性比较差，不利于设备和数据共享。会计业务量大、地理分布集中、资金雄厚且具有一定系统维护力量的大中型企事业单位可选用多用户系统，多用户系统配置一台主机和多个终端，数据可由各终端同时输入，主机对数据集中处理，以此很好地实现数据共享，提高了系统效率且具有良好的安全性。

网络系统包括文件服务器(FS)网络结构、客户机/服务器(C/S)网络结构和浏览器/Web服务器(B/S)网络体系。因为网络系统具有在网络范围内实现硬件、软件和数据共享费用低、传输速度快、易维护、使用方便以及可靠性高等优点，正被越来越多的实现电算化的单位采用。

2. 系统软件

系统软件是指与计算机硬件直接联系，提供用户使用的软件，它担负着扩充计算机功能，合理调用计算机资源的任务。系统软件是保证会计信息系统正常运行的基础软件。采用单机系统的单位，可选用 Windows 操作系统，也可采用 DOS 操作系统；采用多用户系统的单位，可选用 UNIX 或 Linux 作为操作系统；采用计算机网络系统的，可选用 Microsoft公司的 Windows NT 类操作系统或 Novell 公司的 Netware 操作系统，以及 UNIX、Linux 等。

系统软件的选择，还应考虑汉字操作系统的选择、与所选计算机的兼容性、数据处理能力是否满足本单位需要以及性能价格比等诸多因素。

3. 财务软件

财务软件是专门用于会计核算和管理工作的计算机应用软件的总称，包括采用各种计算机语言编制的用于会计核算和管理工作的计算机程序。它由一系列指挥计算机进行会计核算工作的程序和有关文档技术资料组成。借助于财务软件，可以运用计算机强大的运算、存储和逻辑判断功能对原始会计数据进行加工、存储处理，输出各种有用的会计信息资料。会计电算化工作也由此变成了会计数据的输入、处理、输出这样一个简单的过程，即输入会计数据，依托财务软件对会计数据进行处理，最后输出会计信息，从而基本实现会计数据处理的自动化，并使会计数据处理的精度和速度得到很大的提高。

一般来讲，配备会计软件的方式主要有购买通用商品化会计软件、定点开发以及选择通用商品化会计软件与定点开发相结合等三种。

商品化会计软件是指专门对外销售的会计软件。通用商品化会计软件一般具有成本低、见效快、质量高、维护有保证等优点，所以比较适合会计业务比较简单的小型企事业单位。大中型企事业单位会计业务一般有其特殊要求，可根据本单位实际工作的需要，选择定点开发的模式，以满足本单位的特殊需要。对于不能完全满足单位特殊的核算与管理要求的，可结合通用会计软件定点开发部分配套的模块，选择通用商品化会计软件与定点开发相结合的方式。

软件市场上存在着很多可用的会计软件，用户可根据需要进行选择。另外，为了在外购会计软件与自制会计软件的方案之间进行选择，用户也需要对软件有所了解并做出比较。在选择商品化会计软件时，一般应考虑以下因素。

要购买原版的会计软件

多数商品化会计软件厂家只对原版软件进行维护。许多商品化会计软件厂家对其软件进行了加密，若购买了其复制件，有可能会出现软件中数据的丢失、变化，甚至会引入计算机病毒，不能保证会计工作的正常进行。

功能要求

会计软件的功能应符合行业的特点，满足本单位具体核算与管理的要求，尤其要看商品化会计软件是否对外提供接口，接口是否符合要求。因为商品化软件是通用软件，单位有时会根据自身特点和需要，增加一些特殊功能或进行软件的二次开发，这需要会计软件的接口满足连接的要求。

配置要求

应根据自己系统的目标及企业条件，选择有适当配置要求的会计软件。

文档资料

文档资料提供的优势和多少，决定了用户对系统开发者的依赖程度。最基本的文档资料是用户操作手册，又称使用说明书。首先，它应该尽量详细地介绍系统功能和用户的操作步骤以及系统对操作的反应，帮助用户熟悉会计软件的使用并排除某些操作产生的故障。其次，文档资料中应有会计软件系统运行时产生的凭证、账簿及报表等的样本资料，这有助于用户判断新系统的功能是否满足自己的需要。第三，文档资料中最好包含对系统的测试方案，以帮助用户验证系统的功能与控制能力。

售后服务

购买商品化会计软件比购买其他设备或物资需要更多的售后服务。因此，企业在购买会计软件之前，必须得到售后服务的承诺，要考察软件的售后服务情况，包括技术支持、用户培训、软件资料和版本升级等方面。

软件价格

一般来说，商品化会计软件的购置费用包括软件费用、技术培训费、维护服务费、安装费以及其他配套费用。在购买时，应比较几家供应商的会计软件价格，并考虑软件的功能价格比，对软件做出综合评价。

1.5.3　人员培训

会计信息系统人才问题是发展会计事业的关键因素。会计信息系统的建设不仅需要会计和计算机方面的专门人才，更需要既懂会计又懂计算机技术的复合型人才。培养会计电算化人才应分层次进行，可分为高级、中级、初级三个层次。

高级人才的培养

可以通过在高等学校设置研究生课程，培养出掌握计算机专业、会计专业、会计信息系统和企业管理信息系统开发方法等多学科知识的高级会计电算化人才和管理人才，能够进行会计软件的分析和设计。

中级人才的培养

培养中级人才的目的，是通过学习掌握计算机和会计专业知识，能够使他们了解会计信息系统和企业管理信息系统的开发过程，对计算机系统环境进行一般维护，对会计核算信息简单地进行分析和利用。

初级人才的培养

财会人员通过初级培训，应该掌握计算机和会计核算软件的基本操作技能，了解会计电算化工作的基本过程。

1.5.4　建立会计信息系统管理制度

建立会计信息系统必须制定相应的岗位责任制度、操作管理制度以及会计档案管理制度等，以适应会计信息系统管理的要求。

1.5.5　计算机替代手工记账

实现会计电算化的目的就是为了用计算机替代手工操作，甩掉手工账。计算机替代手工记账就是指输入会计数据，由计算机的会计软件对会计数据进行处理，并打印输出会计账簿和报表。但甩账问题是一个比较复杂的问题，搞不好就有可能使会计工作产生混乱或造成数据丢失，给单位带来损失，因此，在从手工核算转向电算化核算的衔接和过渡阶段，必须具备一定的基本条件。

建立完整的会计电算化内部管理制度，必须配有专门或主要用于会计核算工作的电子计算机或电子计算机终端，并配有熟练的专职或兼职操作人员。要建立会计电算化岗位责任制，明确每个工作岗位的职责范围，定人员、定岗位、明确职责、各司其职，以此来保证会计电算化工作的程序化和规范化。在进行商品化会计软件试运行时，对会计业务工作进行一次全面清理，建立会计科目体系，统一账、证、表的格式，规定操作过程和核算方法，彻底解决遗留问题，为设计电算化方式下的核算方案做好准备，保证进入电算化系统的各种会计数据的准确性。使用电算化会计核算信息系统完成日常会计核算工作，并做好电算化会计核算体系和各种方案、程序和制度的检验与调整工作。

在计算机替代手工记账之前应先进行计算机与手工并行处理的方式。计算机与手工并行是指人工与计算机同时进行会计业务处理的过程。并行起始时间应放在年初或季初，时间应为三个月以上。并行期间应以手工核算为主，计算机核算为辅，如果核算结果不一致，要查明原因并纠正错误。在试运行的最后阶段，应当逐步将工作重心转移到计算机核算上来，为彻底甩掉手工账做好准备。

复习思考题

名词解释

(1) 数据
(2) 信息
(3) 会计信息
(4) 系统
(5) 信息系统
(6) 会计信息系统

简答题

(1) 系统的特点。
(2) 信息系统的功能。
(3) 会计信息系统的特点。
(4) 会计信息系统的宏观管理。
(5) 会计信息系统的微观管理。
(6) 会计信息系统的实施过程。

第 2 章
总 账 管 理

教学目的与要求

　　系统地学习财务软件系统管理、基础设置和总账管理的工作原理和应用方法。具体包括系统管理中操作员管理与账套管理；基础设置中各种基础档案设置；总账管理中初始设置、日常业务处理和期末业务处理的内容。

　　掌握：系统管理中设置操作员、建立账套、设置操作员权限和系统启用的方法；基础设置中各种基础档案设置的作用和应用方法；总账管理中初始设置、日常业务处理和期末业务处理的内容、工作原理和应用方法。

　　了解：系统安装的方法，修改账套、账套备份和恢复的方法，总账工具的作用和使用方法。总账管理中错误凭证的修改方法以及各种账表资料的作用和查询方法。

　　在企事业和机关单位中，完成会计任务必须有一套专门的方法，即：设置账户、复式记账、填制和审核凭证、登记账簿、成本计算、财产清查，最后编制会计报表，并对会计核算结果进行综合分析等。这些方法相互联系，相互贯通，紧密结合，形成一套完整的会计方法体系。为实现计算机管理的需要，将设置账户、复式记账、填制和审核凭证、登记账簿等统称为总账管理。

　　总账管理是企业会计核算与会计管理的核心内容，是企业会计信息的科学化和标准化的关键。总账管理适用于各类企业、行政事业单位，可以完成从建立账簿资料、凭证管理、标准账表到月末处理和辅助管理等会计核算和会计管理的各项工作。

2.1　建立账套与权限管理

用友 T3 财务管理系统由多个子系统组成，各个子系统都是为同一主体的不同方面服务的。各子系统之间既相对独立，又相互联系，协同运作，共同完成一体化的会计核算与管理工作。为了实现一体化的管理应用模式，要求各个子系统共享公用的基础信息，拥有相同的账套和年度账，并要求操作员和操作权限集中管理，所有数据存放在同一数据库中可以共享。因此，为了完成全面的系统服务，必须设立系统管理功能，为各子系统提供统一的环境，对财务管理软件所属的各个系统进行统一的操作管理和数据维护，最终实现财务、业务的一体化管理。

系统管理的主要功能是对用友 T3 管理软件的各子系统进行统一的操作管理和数据维护。内容主要包括操作员及其权限管理和账套管理。

2.1.1　启动系统管理

启动系统管理的操作包括启动系统管理模块并进行注册，即登录进入系统管理模块。在系统管理中可以设置操作员、建立账套和设置操作员权限等。

提示
- 系统安装的方法可以查看教材所附光盘中的"安装说明"。
- 安装用友 T3—会计信息化专用教学软件后，要运行相应的功能模块，只能进入系统预置的演示账套(账套号为"999")，有权操作 999 账套的操作员有"demo"、"system"和"ufsoft"。

系统允许用户以系统管理员 admin 或以账套主管的身份注册进入系统管理。由于第一次运行该软件时还没有建立核算单位的账套，因此，在建立账套前应由系统默认的管理员 admin 登录。

例 2-1　以系统管理员"admin"的身份启动系统管理。

操作步骤
(1) 选择"开始"|"程序"|"用友 T3 系列管理软件"|"用友 T3"|"系统管理"(或者直接双击桌面上的系统管理图标) 命令，进入 "用友会计信息化教学专用软件〖系统管理〗"窗口，如图 2-1 所示。
(2) 在"系统管理"窗口中，选择"系统"|"注册"命令，打开"注册〖控制台〗"对话框。

在"用户名"栏录入"admin"，如图 2-2 所示。

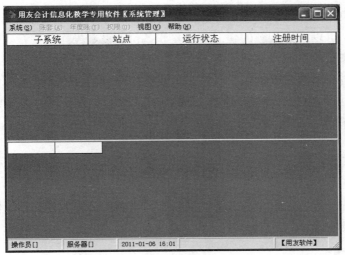

图 2-1 "系统管理"窗口

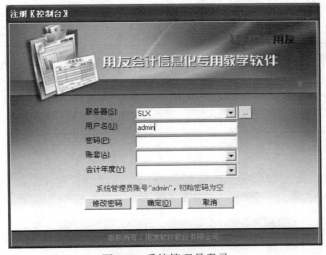

图 2-2 系统管理员登录

(3) 单击"确定"按钮(即不修改系统管理员的口令,默认口令为空),进入系统管理模块。

提示

- 系统管理员"admin"没有密码,即密码为空。在实际工作中,为了保证系统的安全,必须为系统管理员设置密码。
- 在教学过程中,由于一台计算机供多个学员使用,为了方便,建议不为系统管理员设置密码。
- 系统允许以两种身份注册进入系统管理。一是以系统管理员的身份,二是以账套主管的身份。

系统管理员负责整个系统的控制和维护，可以管理该系统中所有的账套。以系统管理员身份注册进入，可以进行账套的建立、恢复和备份，设置操作员、指定账套主管，并可以设置和修改操作员的密码及其权限等。

账套主管负责对所选账套的维护工作，主要包括账套的修改、功能模块启用及对年度账的管理(包括建立、清空、恢复、备份以及各子系统的年末结转、所选账套的数据备份等)，以及该账套操作员的权限设置。

2.1.2 设置操作员

为了保证系统及数据的安全与保密，系统提供了操作员设置功能，以便在计算机系统中进行操作分工及权限控制。

1. 增加操作员

例 2-2 增加如表 2-1 所示的操作员。

表 2-1 操作员名单

操作员编号	操作员姓名	操作员口令
CWZG	朱湘	123456
LFKJ	刘芳	123456
CHKJ	陈惠	123456

操作步骤

(1) 以系统管理员的身份在"系统管理"窗口中，选择"权限"|"操作员"命令，打开"操作员管理"对话框，如图 2-3 所示。

图 2-3 "操作员管理"对话框

提示

系统预置了三个操作员，分别是 demo、system 和 ufsof，这三个操作员的初始口令与各自的名称一样，并且字母不分大小写。如 demo 的口令就是 demo。

(2) 单击"增加"按钮，打开"增加操作员"对话框，输入编号"CWZG"、姓名"朱湘"、 口令"123456"、确认口令"123456"，如图 2-4 所示。

图 2-4 "增加操作员"对话框

(3) 单击"增加"按钮，确认。

(4) 继续增加操作员"刘芳"和"陈惠"。

(5) 单击"退出"按钮，系统显示操作员名单，如图 2-5 所示。

操作员ID	操作员全名	部门	状态	
demo	demo	演示部门	有效	**
SYSTEM	SYSTEM		有效	**
UFSOFT	UFSOFT		有效	**
CWZG	朱湘		有效	**
LFKJ	刘芳		有效	**
CHKJ	陈惠		有效	**

图 2-5 "操作员管理"对话框

提示

- 只有系统管理员(admin)才有权设置操作员。
- 操作员编号在系统中必须是唯一的。
- 所设置的操作员一旦被使用，则不能删除。
- 在实际工作中可以根据需要随时增加操作员。
- 为保证系统安全、分清责任，应设置操作员口令。

2. 修改操作员

在系统中所设置的操作员在未被使用前，可以进行修改(注：操作员信息一旦保存，则编号不能修改)。

例 2-3 将"LFKJ"的姓名"刘芳"修改为"刘丽芳"。

操作步骤

(1) 以系统管理员"Admin"的身份注册进入"系统管理"窗口。

(2) 选择"权限"|"操作员"命令,打开"操作员管理"对话框。

(3) 在"操作员管理"对话框中选中要修改的操作员"刘芳"的所在行,单击"修改"按钮,打开"修改操作员信息"对话框。

(4) 将姓名"刘芳"修改为"刘丽芳",如图 2-6 所示。

图 2-6　修改操作员姓名

(5) 单击"修改"按钮,系统自动保存并显示修改后的操作员信息。

提示

● 只有系统管理员有权修改操作员信息。

● 在操作员的信息中,操作员编号不能修改,只能修改操作员的姓名、口令及所属部门。

小知识

操作员的口令除了可以由系统管理员以修改操作员信息的方式进行修改外,还可以在操作员登录系统时由操作员本人修改。

2.1.3　账套管理

账套是指一组相互关联的财务数据。一般来说,可以为企业中每一个独立核算的单位建立一个账套,系统最多可以建立 999 个套账。其中"999"账套是系统预置的演示账套。在账套管理功能中可以完成建立账套、修改账套、备份账套及删除账套的操作。

1. 建立账套

建立账套,即采用财务管理软件为本企业建立一套账簿文件,在建立账套时可以根据企业的具体情况进行账套参数设置,主要包括核算单位名称、所属行业、启用时间、编码规则等基础参数。账套参数决定了系统的数据输入、处理、输出的内容和形式。

例 2-4　创建 108 账套,单位名称为"光彩股份有限公司"(简称"光彩公司"),启用会计期为"2011 年 1 月"。该企业的记账本位币为"人民币(RMB)",企业类型为"工业",执行"2007 年新会计准则",账套主管"朱湘",按行业性质预置会计科目。该企业不要求进行外币核算,对经济业务进行处理时,需对客户进行分类。需设置的分类编码分别为:科目编码级次"4222",客户分类编码级次"122"。创建账套后暂时不启用任何子系统。

操作步骤

(1) 在"系统管理"窗口中,选择"账套"|"建立"命令,打开"创建账套—账套信息"对话框。

(2) 输入账套信息。账套号为"108",账套名称为"光彩股份有限公司",启用会计期为"2011 年 1 月",如图 2-7 所示。

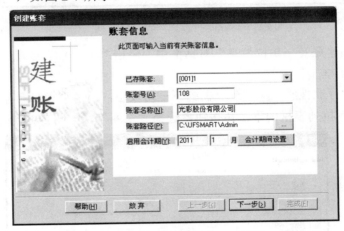

图 2-7 "创建账套—账套信息"对话框

提示

● 新建账套号不能与已存账套号重复。

● 账套名称可以是核算单位的简称,它将随时显示在正在操作的财务管理软件的界面上。

● 账套路径为存储账套数据的路径,可以修改。

● 启用会计期为启用财务管理软件处理会计业务的日期。

● 启用的会计期不能在计算机系统日期之后。

(3) 在"创建账套—账套信息"对话框中,单击"下一步"按钮,打开"创建账套—单位信息"对话框。

(4) 输入单位信息。单位名称为"光彩股份有限公司",单位简称"光彩公司",如图 2-8 所示。

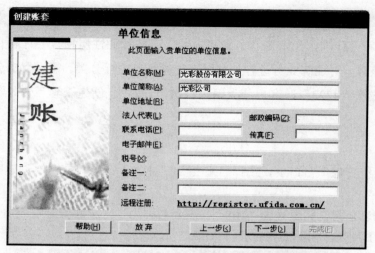

图 2-8　"创建账套—单位信息"对话框

(5) 在"创建账套—单位信息"对话框中，单击"下一步"按钮，打开"创建账套—核算类型"对话框。

(6) 单击"行业性质"下拉列表框的下三角按钮，选择"2007 年新会计准则"，单击"账套主管"下拉列表框的下三角按钮，选择"朱湘"，如图 2-9 所示。

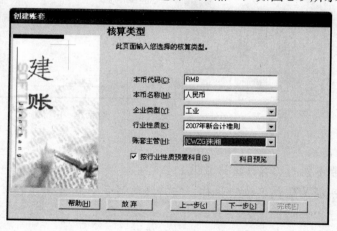

图 2-9　"创建账套—核算类型"对话框

提示

● 行业性质的选择决定着系统采用何种会计制度下的会计科目进行会计核算。

● 账套主管可以在此确定，也可以在操作员权限设置功能中修改。

● 系统默认按所选行业性质预置会计科目。如果取消选择"按行业性质预置科目"复选框(即取消√)，则不按行业预置会计科目。

(7) 在"创建账套—核算类型"对话框中单击"下一步"按钮，打开"创建账套—基础信息"对话框。

(8) 设置基础信息。选择"客户是否分类"复选框，如图 2-10 所示。

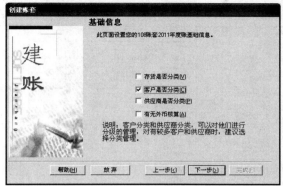

图 2-10　"创建账套—基础信息"对话框

(9) 单击"下一步"按钮，打开"创建账套—业务流程"对话框。如图 2-11 所示。

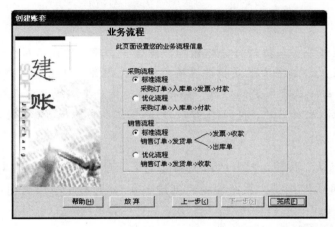

图 2-11　"创建账套—业务流程"对话框

(10) 单击"完成"按钮，系统弹出"创建账套"提示框，如图 2-12 所示。

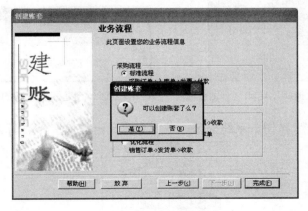

图 2-12　确定已创建账套

(11) 单击"是"按钮，打开"分类编码方案"对话框。设置科目编码级次为"4222"，客户分类编码级次为"122"，如图2-13所示。

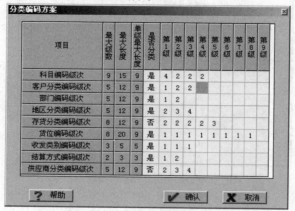

项目	最大级数	最大长度	单级最大长度	是否分类	第1级	第2级	第3级	第4级	第5级	第6级	第7级	第8级	第9级
科目编码级次	9	15	9	是	4	2	2	2					
客户分类编码级次	5	12	9	是	1	2	2						
部门编码级次	5	12	9	是	1	2							
地区分类编码级次	5	12	9	是	2	3	4						
存货分类编码级次	8	12	9	否	2	2	2	2	3				
货位编码级次	8	20	9	否	1	1	1	1	1	1	1	1	
收发类别编码级次	3	5	5	是	1	2							
结算方式编码级次	2	3	3	是	1	2							
供应商分类编码级次	5	12	9	否	2	3	4						

图2-13 "分类编码方案"对话框

提示

为了便于对经济业务数据进行分级核算、统计和管理，软件将对会计科目、企业的部门等进行编码设置。编码方案是指设置编码的级次方案，这里采用群码方案，这是一种分段组合编码，每一段有固定的位数。编码规则是指分类编码共分几段，每段有几位。一级至最底层的段数称为级次，每级(或每段)的编码位数称为级长，编码总级长为每级编码级长之和。

(12) 单击"确认"按钮，打开"数据精度定义"对话框，如图2-14所示。

(13) 单击"确认"按钮，系统提示"创建账套{光彩股份有限公司：[108]}成功"，如图2-15所示。

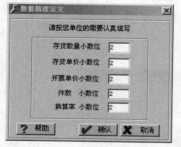

图2-14 "数据精度定义"对话框

图2-15 创建账套成功的提示

(14) 单击"确定"按钮。系统提示"是否立即启用账套"，如图2-16所示。

图2-16 是否启用账套的提示

(15) 单击"否"按钮，暂不启用任何系统。

提示

- 除科目编码级次的第 1 级外，其他均可以直接根据需要进行修改。
- 由于系统按照账套所选行业会计制度预置了一级会计科目，因此第 1 级科目编码级次不能修改。
- 在系统未使用前，如果分类编码方案设置有误，可以在"用友 T3"的"基础设置"中进行修改。
- 此时可以直接进行系统启用的操作，否则，只能以账套主管的身份注册系统后进行相应系统启用的操作。

2. 修改账套

当运行过一段时间后，如果发现账套的某些信息需要修改或补充，可以通过修改账套功能来完成。此功能还可以帮助用户查看某个账套的信息。

系统要求，只有账套主管才有权使用账套修改功能。如果要修改某一账套的信息，首先应在启动系统管理后，以账套主管的身份登录注册系统管理，并选择要修改的账套。

例 2-5 以 108 账套主管"CWZG 朱湘"(密码：123456)的身份登录注册系统管理，选择其主管的 108 账套，将账套设置为"有外币核算"。

操作步骤

(1) 在"系统管理"窗口中，选择"系统"|"注册"命令，打开"注册〖控制台〗"对话框。

(2) 在"用户名"栏录入"CWZG"，输入密码"123456"，单击"账套"下拉列表框的下三角按钮，选择"[108]光彩股份有限公司"，如图 2-17 所示。

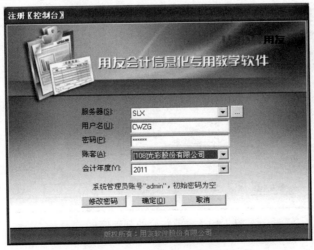

图 2-17　账套主管登录注册系统管理

(3) 单击"确定"按钮。

提示

若当前操作员不是要修改账套的主管，则应在"系统管理"窗口中更换操作员。

(4) 选择"账套"|"修改"命令，打开"修改账套"对话框，如图 2-18 所示。

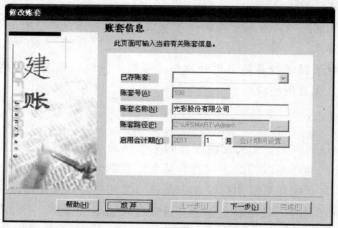

图 2-18　"修改账套——账套信息"对话框

(5) 单击"下一步"按钮，打开"单位信息"对话框，然后单击"下一步"按钮，打开"核算类型"对话框，接着单击"下一步"按钮，打开"基础信息"对话框。

(6) 单击选中"有无外币核算"复选框，如图 2-19 所示。

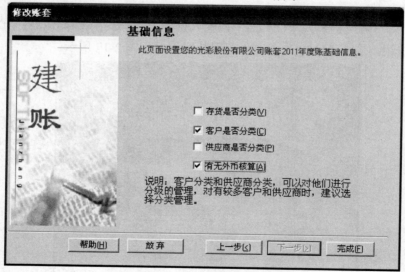

图 2-19　修改账套的基础信息

(7) 单击"完成"按钮。系统提示"确认修改账套了么？"，如图 2-20 所示。

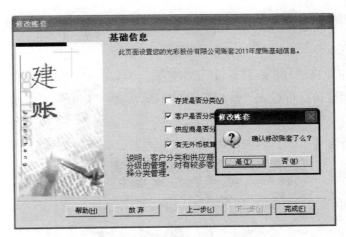

图 2-20　确认修改账套信息

(8) 单击"是"按钮，打开"分类编码方案"对话框，再单击"确认"按钮，打开"数据精确度定义"对话框，再单击"确认"按钮，系统提示修改账套成功，如图 2-21 所示。

图 2-21　修改账套成功的提示信息

(9) 单击"确定"按钮。

提示

只有账套主管才有权限修改账套信息，如果当前操作员是系统管理员"Admin"，则应先注销操作员，再以账套主管的身份注册系统管理。在修改账套时应提示哪些信息是可以修改的而哪些信息是不能修改的。其中，账套号和行业性质不能修改。因此，如果在建立账套时未选择正确的行业性质就只能重建账套了。

3. 备份账套

由于计算机在运行时经常会受到来自各方面因素的干扰，如人的因素，硬件、软件或计算机病毒等因素，有时会造成会计数据被破坏。因此"系统管理"窗口中提供了账套"备份"和账套"恢复"功能。

账套备份(即会计数据备份)就是将财务管理软件所产生的数据备份到硬盘、软盘或光盘中。其目的是长期保存，防备意外事故造成的硬盘数据丢失、非法篡改和破坏；能够利用备份数据，使系统数据得到尽快恢复以保证业务的正常进行。

账套的"备份"功能除了可以完成账套的备份操作外还可以完成删除账套的操作。如果系统内的账套已经不需再继续保存，则可以使用账套的"备份"功能进行账套删除。

例 2-6　将 108 账套数据备份到 D 盘中的"108 账套备份"文件夹中。

操作步骤

(1) 在 D 盘中建立"108 账套备份"文件夹。

(2) 以系统管理员身份进入"系统管理"窗口，选择"账套"|"备份"命令，打开"账套备份"对话框。

(3) 选择"账套号"下拉列表框中的"108 光彩股份有限公司"，如图 2-22 所示。

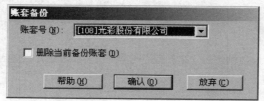

图 2-22　"账套备份"对话框

(4) 单击"确认"按钮。

(5) 经过压缩进程，系统进入"选择备份目标"对话框，选择"d：\108 账套备份"，如图 2-23 所示。

(6) 单击"确认"按钮，系统弹出"硬盘备份完毕"提示对话框，如图 2-24 所示。

图 2-23　"选择备份目标"对话框　　　　图 2-24　确定硬盘备份完毕

(7) 单击"确定"按钮，系统提示"备份/恢复数据时，建议您使用用友安全通进行杀毒"，如图 2-25 所示。

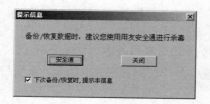

图 2-25　建议使用安全通进行杀毒的提示

(8) 单击"关闭"按钮。

提示

● 只有系统管理员才有权限备份账套。

- 在删除账套时，必须关闭所有系统模块。
- 建议在每次备份时都新建一个文件夹，并注明该备份文件的内容。
- 企业应该在每月末结账前进行账套备份。学生在学习的过程中可以将阶段性的操作结果进行备份，以便防止机器出现故障或更换机器进行操作时能及时地引入备份数据继续进行操作。

4. 恢复账套

恢复账套(即会计数据引入)是指把软盘或硬盘上的备份数据恢复到软件系统中，即利用现有数据恢复。进行账套恢复(或数据引入)的目的是：当硬盘数据被破坏时，将软盘或光盘上的最新备份数据恢复到硬盘中。系统还允许将系统外某账套数据引入到本系统中，从而有利于集团公司的操作。例如子公司的账套数据可以定期被引入到母公司系统中，以便进行有关账套数据的分析和合并工作。

例 2-7 将已备份到 D 盘的"108 账套备份"文件夹中的"108 账套备份"数据恢复到硬盘中。

操作步骤

(1) 以系统管理员身份进入"系统管理"窗口，选择"账套"|"恢复"命令，出现建议使用安全通的提示。

(2) 单击"关闭"按钮，打开"恢复账套数据"对话框。

(3) 选择"d:\108 账套备份\"中的数据文件"UF2KAct.lst"，如图 2-26 所示。

图 2-26   "恢复账套数据"对话框

(4) 单击"打开"按钮。系统弹出"是否覆盖"提示对话框，如图 2-27 所示。

图 2-27　恢复数据时系统提示

(5) 单击"是"按钮确定，系统弹出"账套 108 恢复成功"提示，如图 2-28 所示。

图 2-28　账套恢复成功

(6) 单击"确定"按钮。

提示

● 备份的账套数据，只有在系统管理中进行恢复(引入)才能运行。
● 恢复备份数据会将硬盘中现有的数据覆盖，因此如果没有发现数据损坏，不要轻易进行数据恢复。

2.1.4　系统启用

系统启用是指设定在用友 T3 应用系统中的各个子系统开始使用的日期。只有启用后的子系统才能进行登录。系统启用有两种方法。

一是在系统管理中创建账套时启用系统，即当用户创建完成一个新的账套后，系统弹出提示信息对话框，系统管理员 Admin 可以选择立即进行系统启用设置；二是在账套建立完成后，由账套主管登录到系统管理中，在"账套"|"启用"功能中进行系统启用的设置。由于 108 账套在建立账套后并未进行系统启用的设置，因此，只能由 108 账套的主管在系统管理的账套启用功能中进行 108 账套的系统启用的设置。

例 2-8　由 108 账套的账套主管朱湘(即 CWZG，密码为 123456)注册进入系统管理，启用"总账"系统，启用日期为 2011 年 1 月 1 日。

操作步骤

(1) 选择"开始"|"程序"|"用友 T3 系列管理软件"|"用友 T3"|"系统管理"(或者直接双击桌面上的系统管理图标)命令，进入 "用友会计信息化教学专用软件〖系统管理〗"窗口。

(2) 选择"系统"|"注册"命令，打开"注册〖控制台〗"对话框。

(3) 在"用户名"栏中，录入 108 账套主管"CWZG"，在"密码"栏录入"123456"，选择账套"[108]光彩股份有限公司"。

(4) 单击"确定"按钮。

(5) 在"系统管理"窗口中，选择"账套"|"启用"命令，如图 2-29 所示。

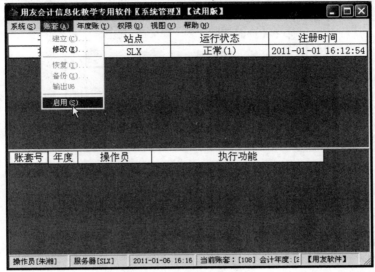

图 2-29　系统启用菜单

(6) 选择"账套"|"启用"命令，打开"系统启用"窗口。选择"总账"复选框，弹出"日历"选择对话框，选择日期为"2011 年 1 月 1 日"，如图 2-30 所示。

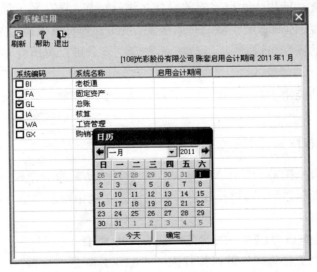

图 2-30　选择总账系统的启用日期

(7) 单击"确定"按钮，系统弹出提示信息，如图 2-31 所示。

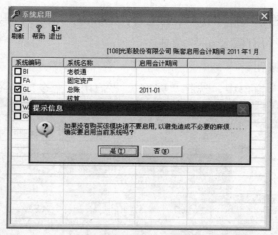

图 2-31　启用总账系统时的提示

(8) 单击"是"按钮。完成总账系统的启用设置。

(9) 单击"退出"按钮。

2.1.5　设置操作员权限

为了保证权责清晰和企业经营数据的安全与保密，企业需要对系统中的所有操作人员进行分工，设置各自相应的操作权限。财务分工在财务管理软件中主要体现在两个功能上：系统管理中的操作员权限设置(功能权限设置)和总账模块中的明细权限设置。

操作员权限设置功能用于对已设置的操作员进行赋权。只有系统管理员和该账套的主管有权进行权限设置，但两者的权限又有所区别。系统管理员可以指定某账套的账套主管，还可以对各个账套的操作员进行权限设置。而账套主管只可以对所管辖账套的操作员进行权限指定。

明细权限设置功能用于对总账模块中各操作员的凭证审核、科目制单及明细账查询打印权限进行设定。

1．增加操作员权限

由于操作员权限是指某一操作员拥有某一账套某些功能的操作权限，因此，在设置操作员和建立该核算账套之后，可以在操作员权限设置功能中对非账套主管的操作员进行操作员权限的设置。

例 2-9　增加操作员"LFKJ 刘丽芳"拥有 108 账套"公用目录设置"、"固定资产"、"总账"和"工资管理"的操作权限；"CHKJ 陈惠"拥有 108 账套 "总账"的操作权限。

操作步骤

(1) 以系统管理员"admin"身份登录进入"系统管理"窗口，选择"权限"|"权限"

命令，打开"操作员权限"对话框。

(2) 选中操作员显示区中的"LFKJ 刘丽芳"的所在行，单击对话框右上角"账套主管"下拉列表框右侧下三角按钮，选择"[108]光彩股份有限公司"及"2011"选项，如图 2-32 所示。

图 2-32　设置操作员权限

(3) 单击"增加"按钮，打开"增加权限—[LFKJ]"对话框。。

(4) 双击"产品分类选择"列表框中的"公用目录设置"选项，系统在"明细权限选择"列表框中显示已增加权限，如图 2-33 所示。

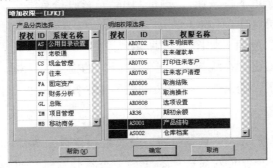

图 2-33　"增加权限"对话框

(5) 再分别双击"产品分类选择"列表框中的"固定资产"、"总账"和"工资管理"选项，系统在"明细权限选择"列表框中分别显示已增加的权限。

(6) 单击"确定"按钮。

提示

在"增加权限"对话框中，双击右侧明细权限选择区中的明细权限，可以根据自己的需要添加或删除已选中的明细权限。

(7) 继续增加"CHKJ 陈惠"的操作权限。

2．修改操作员权限

修改操作员的权限包括设定或取消账套主管，修改某一操作员的某一功能模块的所有及部分权限。

首先在建立账套时指定账套主管，修改时由系统管理员进行账套主管的设定与放弃操作；其次在"操作员权限"左边窗口中选择欲设定或放弃账套主管资格的操作员；然后在对话框右上角选择账套，最后选中旁边的"账套主管"复选框。

提示

在实际工作中一个账套可以定义多个账套主管，一个操作员也可以担任多个账套的账套主管。在设置操作员权限时，只需对非账套主管的操作员设置相应的操作权限，而系统默认账套主管自动拥有该账套的全部权限。

系统管理员或账套主管可以删除非账套主管操作员已拥有的权限。

例 2-10 取消操作员"LFKJ 刘丽芳"在 108 账套中的"GL010303 上年结转"权限。

操作步骤

(1) 在"系统管理"窗口中，选择"权限"|"权限"命令，打开"操作员权限"对话框。

(2) 单击对话框右上角下拉按钮，选择"108 光彩股份有限公司"和"2011"选项。

(3) 单击选中操作员区中"LFKJ 刘丽芳"所在行，在权限显示区中选中要被删除的"GL010303 上年结转"权限，如图 2-34 所示。

(4) 单击"删除"按钮，系统弹出"删除权限"的提示对话框，如图 2-35 所示。

(5) 单击"是"按钮，确认删除操作员刘丽芳 108 账套的"上年结转"权限。

提示

- 系统约定，操作员权限一旦被引用，便不能被修改或删除。
- 如果要删除某一操作员在某一账套中的多个操作权限，可以在选中第一个要删除的权限后，按住 Shift 键，同时移动鼠标，便可选定一批权限，然后单击"删除"按钮，执行批量删除操作。

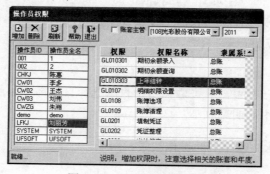

图 2-34　删除操作员权限

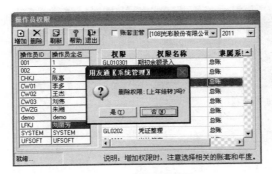

图 2-35　确认删除权限

2.2　初始设置

初始设置是系统在进行日常业务处理之前应进行的一系列准备工作，即通常所说的系统初始化。系统初始化是指将通用财务管理软件转成专用财务管理软件、将手工会计业务数据移植到计算机等一系列准备工作，是使用财务管理软件的基础。系统初始化工作的好坏，直接影响到会计电算化工作的效果。

总账系统初始化一般包括：设置基础档案、会计科目、凭证类别、结算方式和录入期初余额等。

2.2.1　启动并注册系统

在建立账套后，对于该账套的所有会计核算、业务处理及有关的管理工作均应在"用友 T3 财务管理软件"中进行，因此，在进行总账系统初始化之前应首先启动并注册用友T3—用友会计信息化教学专用软件。

例 2-11　以操作员 CWZG(密码为"123456")的身份在 2011 年 1 月 6 日登录注册 108账套。

操作步骤

(1) 选择"开始"|"程序"|"用友 T3 系列管理软件"|"用友 T3"|"用友会计信息化教学专用软件"，或者直接单击桌面上的用友会计信息化教学专用软件的图标▓，打开"注册〖控制台〗"对话框。

(2) 在"用户名"栏录入"CWZG"，在"密码"栏录入"123456"，选择"账套"下拉列表框中的"108 光彩股份有限公司"及"会计年度"下拉列表框中的"2011"，选择"操作日期"为"2011-01-06"，如图 2-36 所示。

图 2-36 录入"注册〖控制台〗"信息

(3) 单击"确定"按钮。打开"期初档案录入"窗口，如图 2-37 所示。

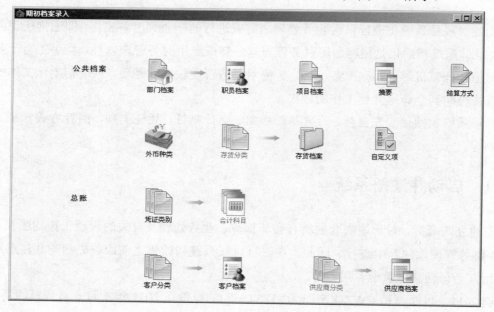

图 2-37 "期初档案录入"窗口

提示

可以在此直接选择相应的图标设置基础档案信息。

(4) 单击退出按钮 ✕ ，打开"用友会计信息化教学专用软件"窗口。
(5) 单击"总账"选项，出现总账系统操作流程图，如图 2-38 所示。

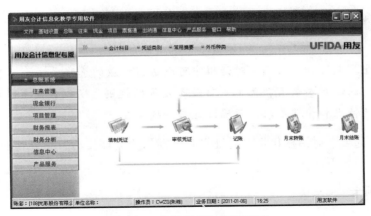

图 2-38　总账系统操作流程图

提示

- 在启动总账系统前应先在系统管理中设置相应的账套。
- 在启动总账系统前应先在系统管理中启用了总账系统。

2.2.2　定义总账系统启用参数

初次进入总账系统时，应对总账系统进行参数设置，以便在今后的日常业务处理过程中按预先设置的总账系统参数进行核算和管理。

例 2-12　108 账套首次启用总账系统，设置总账系统的参数为"不允许修改作废他人填制的凭证"。

操作步骤

(1) 选择"总账"|"设置"|"选项"命令，打开"选项"对话框。

(2) 取消选择"允许修改、作废他人填制的凭证"复选框(即取消复选框中的"√")，系统将出现提示，如图 2-39 所示。

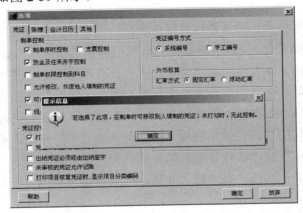

图 2-39　总账系统的"选项"对话框

(3) 单击"确定"按钮，返回"选项"对话框，单击"确定"按钮。

提示

● 在"总账"系统的"选项"对话框中可以进行相应的总账系统运行参数的设置。

● 总账系统的运行参数直接影响日常业务处理的规则，所以在设置时应充分考虑日常业务的特点和管理要求，正确设置每一项参数。

总账系统"选项"对话框包括"凭证"、"账簿"、"会计日历"和"其他"四个选项卡，有关内容说明如下。

1. 凭证选项卡

"制单控制"选项区域

制单序时控制：当选择凭证编号为"系统编号"时，系统规定填制凭证时，凭证编号应按时间顺序排列，即制单序时，如有特殊需要可将其改为不按序时制单。若选择了此项，则在制单时凭证号必须按日期顺序排列。

支票控制：在启用票据管理同时选取该项的情况下，在制单时录入未在支票簿中登记的支票号，系统将提供支票登记簿。

资金及往来赤字控制：选取该项，当制单时库存现金、银行科目余额出现负数时，系统给予提示，但并非拒绝执行。

制单权限控制到科目：如果希望对制单权限作进一步设置，如只允许某操作员使用指定会计科目填制凭证，而不能使用其他的会计科目填制凭证，则应选择此选项。

允许修改、作废他人填制的凭证：选择了此项，在制单时可修改非本人填制的凭证，修改后制单人随之改变，否则不能修改。

现金流量必录：若选择此项，那么当前是现金流量科目时，必须录入现金流量项目。

"凭证控制"区域

打印凭证页脚姓名：选取该项，在打印时将自动打印制单人、出纳、审核人以及记账人的姓名。

凭证审核控制到操作员：如果希望对审核权限作进一步设置，如只允许某操作员审核其本部门的操作员填制的凭证，而不能审核其他部门操作员填制的凭证，则应选择此选项。

出纳凭证必须经由出纳签字：如果希望对所有含有库存现金、银行存款科目的凭证记账作进一步检查时，可以选取该项，即对含有库存现金、银行存款科目的凭证必须由出纳签字才能记账。要实现对所有含有库存现金、银行存款科目凭证的记账作进一步设置，还应在设置会计科目功能的编辑功能中完成"指定会计科目"的操作，即分别指定"现金总账科目"为"库存现金"及"银行存款总账"科目为"银行存款"。

未审核的凭证允许记账：如果选择了此项，则未经过审核的凭证可以进行记账。

"凭证编号方式"区域

系统提供了两种编号方式，即"系统编号"和"手工编号"。系统默认的是"系统编号"。

"外币核算"区域

企业有外币业务，则选取相应的汇率方式。

提示

● 如果选择"凭证审核控制到操作员"后，还应通过设置"明细权限"功能设置相应的明细审核权限。

● 选择"出纳凭证必须经由出纳签字"后，还应通过 "指定科目"功能设置相应的出纳签字科目。

2. 账簿选项卡

"打印位数宽度(包括小数点及小数位)"区域

定义正式账簿打印时各栏目的宽度，包括摘要、金额、外币、数量、汇率以及单价。

"明细账(日记账、多栏账)打印输出方式"区域

按月排页：即打印时从所选月份范围的起始月份开始将明细账按顺序排页，再从第一页开始将其打印输出，打印起始页号为"1页"。这样，若所选月份范围不是第一个月，则打印结果的页号必然从"1页"开始排列。

按年排页：即打印时从本会计年度的第一个会计月开始将明细账按顺序排页，再将打印月份范围所在的页打印输出，打印起始页号为所打印月份在全年总排页中的页号。这样，若所选月份范围不是第一个月，则打印结果的页号有可能不是从"1页"开始排。

"凭证、账簿套打"区域

在打印凭证、账簿时是否使用套打纸进行打印。套打纸是指软件公司专门印制的用以打印各种凭证和账簿的打印纸，选择套打打印时，系统只将凭证、账簿的数据内容打印到相应的套打纸上，并且不打印各种表格线。用套打纸打印凭证速度快、美观。

"明细账查询权限控制到科目"区域

有些时候，要对查询和打印权限作进一步细化，如只允许某操作员查询或打印指定科目明细账，而不能查询或打印其他科目的明细。

"正式账每页打印行数"区域

可对明细账、日记账和多栏账的每页打印行数进行设置。双击表格或按空格键对行数直接修改即可。

提示

选中"明细账查询权限控制到科目"后，还应通过设置"明细权限"功能设置相应的明细科目查询权限。

3. 会计日历选项卡

系统自动将会计期间、开始日期和结束日期列表。可以在此处选择"启用日期"以确定用户开始使用软件的时间。"结束日期"是指用户每月的结账日期，系统默认的每月结账日期是月末，如果用户的每月结账日期不是月末则可在"系统管理"中进行修改。

提示

- 总账系统的启用日期不能超过计算机的系统日期。
- 录入汇率后不能修改总账启用日期。
- 已录入期初余额，不能修改总账启用日期。
- 新年度进入系统，不能修改总账的启用日期。

4. 其他选项卡

"数量、单价小数位及本位币精度"区域

在制单与查账时，按此处定义的小数位及精度输出小数，不足位数将用"0"补齐。

"部门、个人、项目排序方式"区域

在查询部门、个人、项目账或参照其目录时，可以按编码或名称排序。

2.2.3 设置基础档案

一个账套由若干个子系统构成，这些子系统共享公用的基础信息，基础信息是系统运行的基石。在启用新账套时，应根据企业的实际情况，结合系统基础信息设置的要求，事先做好基础数据的准备工作，这样可使初始建账顺利进行。

基础设置的内容主要包括部门档案和职员档案设置、往来单位分类及档案设置以及凭证类别和结算方式设置等。基础设置之前应首先确定基础档案的分类编码方案，设置时必须遵循分类编码方案中的级次和各级编码长度的设定。

1. 部门档案

在会计核算中，往往需要按部门进行分类和汇总，下一级将自动向有隶属关系的上一级进行汇总。部门档案是设置会计科目中要进行部门核算的部门名称，以及要进行个人核算的往来个人所属部门。

例 2-13 2011 年 1 月 10 日，由 108 账套的账套主管"CWZG 朱湘"，密码为"123456"，在用友会计信息化教学专用软件系统中设置部门档案。部门档案资料如表 2-2 所示。

表 2-2　部 门 档 案

部 门 编 码	部 门 名 称
1	行政部
2	财务部
3	开发部
4	业务部
401	业务一部
402	业务二部

操作步骤

(1) 在"用友会计信息化教学专用软件"窗口中，选择"基础设置"|"机构设置"|"部门档案"命令，打开"部门档案"对话框，单击"增加"按钮，输入部门编码"1"、部门名称为"行政部"，如图 2-40 所示。

图 2-40　"部门档案"对话框

(2) 单击"保存"按钮。

(3) 重复第(1)和(2)步操作继续录入其他部门，系统显示已录入的部门档案，如图 2-41 所示。

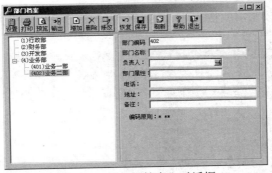

图 2-41　"部门档案"对话框

(4) 全部录入完成后，单击"退出"按钮。

提示

● 部门编码必须符合编码原则。

● 由于在设置部门档案时还未设置职员档案,因此部门档案中的负责人应在设置职员档案后,回到设置部门档案中,使用修改功能补充设置。

● 部门档案资料一旦被使用将不能被修改或删除。

2. 职员档案

职员档案主要用于登记本单位职员的信息资料,设置职员档案可以方便地进行个人往来核算和管理等操作。

例 2-14 增加如表 2-3 所示的职员档案。

表 2-3　职 员 档 案

职 员 编 码	职 员 名 称	所 属 部 门
1081	江涛	行政部
1082	陈小林	行政部
1083	朱湘	财务部
1084	刘丽芳	财务部
1085	张杰	开发部
1086	李浩东	开发部
1087	刘晶	业务一部
1088	王娜	业务二部

操作步骤

(1) 在"用友会计信息化教学专用软件"窗口中,选择"基础设置"|"机构设置"|"职员档案"命令,打开"职员档案"对话框。

(2) 输入职员编码为"1081"、职员名称"江涛"、单击"所属部门"栏的参照按钮选择"行政部",或输入行政部的部门编码"1"。

(3) 单击"增加"按钮,或按 Enter 键,重复第(2)步操作,录入其他职员,直至完成全部录入,如图 2-42 所示。

图 2-42　"职员档案"对话框

(4) 单击"退出"按钮。

提示

● 职员档案中的"所属部门"内容可以直接录入,但最好在双击"所属部门"栏后再单击参照按钮,在已录入的部门档案中选择相应的部门。

● 录入全部职员档案后,必须单击"增加"按钮(或按 Enter 键),增加新的空白行。否则,最后一个职员档案将无法保存。

● 职员档案资料一旦被使用将不能被修改或删除。

3. 客户分类

当往来客户或供应商较多时,可以对客户或供应商进行分类,由于 108 账套在建立账套时只选择了对客户进行分类,所以只能对客户进行分类,而不能对供应商进行分类。对客户进行分类可以实现对客户的统计和汇总等分类管理。

例 2-15　108 账套的客户分类方案为:类别编码:1;类别名称:东北大区。

类别编码:2;类别名称:东南大区。

类别编码:3;类别名称:其他地区。

操作步骤

(1) 在"用友会计信息化教学专用软件"窗口中,选择"基础设置"|"往来单位"|"客户分类"命令,打开"客户分类"对话框。

(2) 单击"增加"按钮,输入类别编码"1"、类别名称"东北大区",如图 2-43 所示。

图 2-43　"客户分类"对话框

(3) 单击"保存"按钮。

(4) 重复第(2)、(3)步,继续输入客户分类内容,系统显示已录入的客户分类,如图 2-44 所示。

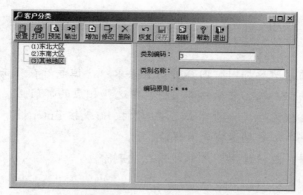

图 2-44 已设置的客户分类

(5) 单击"退出"按钮。

提示

● 客户分类编码必须是唯一的。
● 客户分类的编码必须符合编码原则。
● 供应商分类与客户分类的设置方法相同。

4. 客户档案

企业如果需要进行往来管理，那么必须将企业中客户的详细信息录入客户档案中。建立客户档案直接关系到对客户数据的统计、汇总和查询等分类处理。在销售管理等业务中需要处理的客户档案资料，应在本功能中先行设定，平时如有变动应及时在此进行调整。客户档案主要包括"客户编号"、"开户银行"等基本信息和联系方式及信用等级等其他信息。

例 2-16 增加如表 2-4 所示的客户档案。

表 2-4 客 户 档 案

客 户 编 号	客 户 名 称	客 户 简 称	所属分类码
001	威达公司	威达公司	东北大区
002	申优公司	申优公司	东北大区
003	发详公司	发详公司	东南大区
004	无忧公司	无忧公司	东南大区
005	百强公司	百强公司	其他地区

操作步骤

(1) 在"用友会计信息化教学专用软件"窗口中，选择"基础设置"|"往来单位"|"客户档案"命令，打开"客户档案"对话框，如图 2-45 所示。

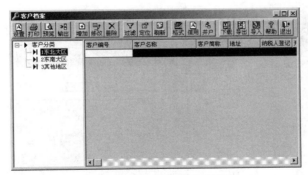

图 2-45 "客户档案"对话框

(2) 将光标移到左框中客户分类的"东北大区"所在行。

提示
● 客户档案必须在最末级客户分类下进行设置。
● 若左框中无客户分类,则将客户归入无客户分类项。

(3) 单击"增加"按钮,进入"客户档案卡片"对话框,如图 2-46 所示。

图 2-46 "基本"选项卡

(4) 打开"基本"选项卡,输入客户编号"001"、客户名称"威达公司"、客户简称"威达公司"、所属分类码"1"。

提示
● 客户编码必须唯一。
● 必须输入客户编码、名称和简称,其余可以忽略。
● "联系"选项卡内容可以为空。
● 销售管理系统或应收账款核算系统被启用后,应收余额由系统自动维护。

(5) 单击"保存"按钮。
(6) 重复以上步骤继续录入其他的客户档案,如图 2-47 所示。

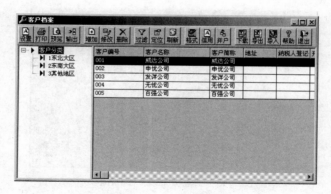

图 2-47　已设置的客户档案

提示

输入各项内容后，必须单击"保存"按钮，否则表示放弃。

5．供应商档案

如果企业需要进行往来管理，那么必须将企业中供应商的详细信息录入到供应商档案中。建立供应商档案直接关系到对供应商数据的统计、查询等处理。在采购管理等业务中需要调用的供应商档案资料，应先行在本功能中设定，如有变动应及时在此进行调整。

例 2-17　增加如表 2-5 所示的供应商档案。

表 2-5　供应商档案

供应商编号	供应商名称	供应商简称
001	伟建公司	伟建公司
002	北清公司	北清公司
003	主线公司	主线公司

操作步骤

(1) 在"用友会计信息化教学专用软件"窗口中，选择"基础设置"|"往来单位"|"供应商档案"命令，打开"供应商档案"对话框，如图 2-48 所示。

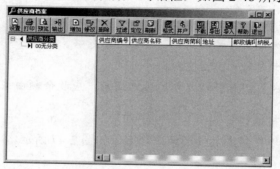

图 2-48　"供应商档案"对话框

(2) 选中"供应商分类"中的"00 无分类"所在行。

(3) 单击"增加"按钮，打开"供应商档案卡片"对话框，在"基本"选项卡中，输入相关信息，如图 2-49 所示。

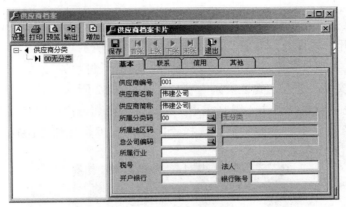

图 2-49　录入供应商档案

(4) 单击"保存"按钮。

(5) 重复以上步骤继续录入"002"号和"003"号供应商档案，如图 2-50 所示。

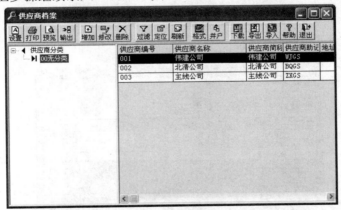

图 2-50　已录入信息的"供应商档案"对话框

提示
- 供应商档案必须在最末级的供应商分类下增加。
- 关于设置供应商档案的详细内容请参照设置客户档案的操作步骤。

6. 设置凭证类别

在开始使用计算机录入凭证之前，应根据企业的管理和核算要求在系统中设置凭证类别，以便将凭证按类别分别进行编制、管理、记账和汇总。系统提供了常用的凭证分类方式，用户可以从中进行选择，也可以根据实际情况自行定义。如果选择了"收款凭证 付款凭证 转账凭证"的分类方式，应根据凭证分类的特点进行相应限制条件设置，以便提高凭证处理的准确性。

例 2-18 设置分类方式为"收款凭证"、"付款凭证"和"转账凭证"。

操作步骤

(1) 在"用友会计信息化教学专用软件"窗口中，选择"基础设置"|"财务"|"凭证类别"命令，打开"凭证类别预置"对话框，如图 2-51 所示。

(2) 在"凭证类别预置"对话框中，选择"收款凭证 付款凭证 转账凭证"单选按钮，再单击"确定"按钮，进入"凭证类别"窗口，如图 2-52 所示。

(3) 在收款凭证所在行双击"限制类型"栏，在下拉列表框中选择"借方必有"选项；双击"限制科目"栏，单击参照按钮，选择"1001 库存现金"和"1002 银行存款"(或直接输入"1001，1002")。

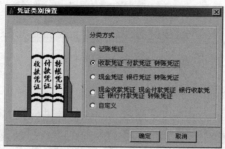

图 2-51 "凭证类别预置"对话框

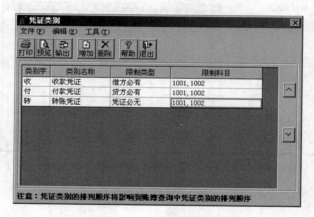

图 2-52 "凭证类别"窗口

(4) 重复上述操作，将付款凭证的"限制类型"定义为"贷方必有"、"限制科目"定义为"1001，1002"；将转账凭证的"限制类型"定义为"凭证必无"、"限制科目"定义为"1001，1002"，单击"退出"按钮。

提示

● 限制科目的数量不限，科目间用英语状态下的逗号分隔。

● 填制凭证时，如果不符合这些限制条件，则系统将拒绝保存。

● 可以通过凭证类别列表右侧的上下箭头按钮调整凭证列表中凭证的排列顺序。

7. 设置结算方式

该功能用来建立和管理在经营活动中所涉及到的货币结算方式。结算方式最多可以分为2级。

例2-19 设置编码为"1"、名称为"现金结算"的结算方式以及编码为"2"、名称为"转账支票"的结算方式。

操作步骤

(1) 在"用友会计信息化教学专用软件"窗口中，选择"基础设置"|"收付结算"|"结算方式"命令，打开"结算方式"对话框，如图2-53所示。

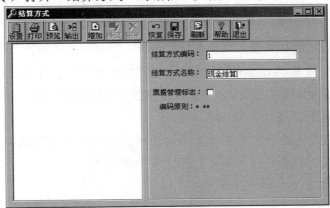

图2-53 "结算方式"对话框

(2) 单击"增加"按钮，输入结算方式编码为"1"，结算方式名称为"现金结算"，单击"保存"按钮确认。

(3) 重复第(2)步，输入结算方式编码为"2"，结算方式名称为"转账支票"，单击"保存"按钮确认，系统显示已录入的结算方式。

提示

● 结算方式的编码必须符合编码原则。
● 结算方式的录入内容必须唯一。
● 可以根据实际情况选择是否需要票据管理的标志。
● 在不启动购销存系统的情况下，设置结算方式的主要目的是在使用有"银行账"辅助核算的会计科目时填写相应的结算方式，以便在进行银行对账时将结算方式作为对账的一个参数。

2.2.4 设置会计科目

设置会计科目是会计工作的重要内容之一，是用户在总账系统中将在会计核算和会计管理中所需要的会计科目进行设置。它用于分门别类地反映企业经济业务核算资料，为登记账簿、编制财务会计报表奠定基础，为经营管理者提供详细、总括的核算信息以便做出经营决策，制定经营目标。

财务管理软件中采用的一级会计科目，必须符合国家会计制度的规定；而明细科目，可根据各单位实际情况，在满足核算和管理要求以及报表数据来源的基础上，自行设定。

提示
- 会计科目的设置必须满足会计报表编制的要求。
- 会计科目的设置必须保持科目间的协调性和体系的完整性。

1. 增加会计科目

由于在现行的会计制度中规定了会计核算和会计管理中应使用的一级会计科目，因此，为了方便用户设置会计科目，软件在建立账套功能中提供了预置会计科目功能，如果用户所使用的会计科目基本上与所选行业会计制度规定的一级会计科目一致，则可以在建立账套时选择预置会计科目。这样，在会计科目初始设置时只需对不同的会计科目进行修改，并对缺少的会计科目进行增加处理即可。

如果实际所使用的与会计制度所规定的会计科目相差较多，则可以在建立账套时不预置会计科目，这样可以根据自身的需要自行设置全部会计科目。

例 2-20 增加如表 2-6 所示的会计科目。

表 2-6 会 计 科 目

科 目 编 码	科 目 名 称	辅 助 核 算
222101	应交增值税	
2220101	进项税额	
2220102	销项税额	
660103	工会经费	
660104	折旧费	
660201	工资	
660202	工会经费	
660203	折旧费	

操作步骤

(1) 在"用友会计信息化教学专用软件"窗口中，选择"基础设置"|"财务"|"会计科目"命令，打开"会计科目"窗口。

(2) 单击"增加"按钮，打开"会计科目新增"对话框，如图 2-54 所示。

(3) 输入科目编码"222101"、科目中文名称"应交增值税"，其他项目默认系统的设置。

(4) 单击"确定"按钮。依此方法继续增加其他的会计科目。

(5) 单击"关闭"按钮，完成增加会计科目的操作。

为了加快建立会计科目的速度和准确性，可以通过选择"编辑"|"复制"命令对下级科目或者同级性质相近的科目进行复制，这样只需稍作改动即可完成增加工作。

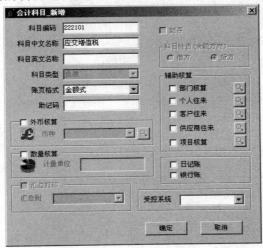

图 2-54　"会计科目新增"对话框

提示

● 增加明细科目时，系统默认其类型与上级科目保持一致。

● 已经使用过的末级会计科目不能再增加下级科目。

2. 修改会计科目

如果要对已经设置完成的会计科目的名称、编码及辅助项目等内容进行修改，应在会计科目未被使用之前在会计科目的修改功能中完成。

例 2-21　将"1002 银行存款"科目修改为有"日记账"、"银行账"核算要求，"1001 库存现金"科目修改为有"日记账"核算要求的会计科目。

操作步骤

(1) 在"会计科目"窗口中，将光标移到"1002 银行存款"科目所在行。

(2) 单击"修改"按钮(或双击该会计科目)，打开"会计科目修改"对话框后，单击"修改"按钮。

(3) 选中"日记账"、"银行账"复选框，如图 2-55 所示。

图 2-55 "会计科目修改"对话框

(4) 单击"确定"按钮，如图 2-56 所示。

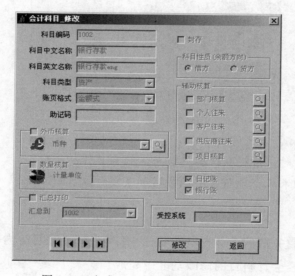

图 2-56 完成"1002"修改后的对话框

(5) 单击◀按钮及"修改"按钮，直接修改"1001 库存现金"科目。修改后单击"返回"按钮退出"会计科目修改"对话框。

提示

● 非末级会计科目不能再修改科目编码。

● 已经使用过的末级会计科目不能再修改科目编码。

● 已有数据的会计科目，应先将该科目及其下级科目余额清零后再修改。

● 被封存的科目不可以在制单时使用。

- 只有末级科目才能设置汇总打印，且只能汇总到该科目本身或其上级科目。
- 只有处于修改状态时才能设置汇总打印和封存。

3. 删除会计科目

如果某些会计科目暂时不需用或者不适合用户科目体系，可以在未使用之前将其删除。

例 2-22　将"2621 独立账户负债"科目删除。

操作步骤

(1) 打开"全部"或"负债"选项卡，将光标移到"2621 独立账户负债"科目上。

(2) 单击"删除"按钮。

(3) 系统弹出"记录删除后不能恢复！真的删除此记录吗？"提示对话框。

(4) 单击"确定"按钮。

提示

- 删除的科目不能被自动恢复，但可通过增加功能来完成。
- 非末级科目不能删除。
- 已有数据的会计科目，应先将该科目及其下级科目余额清零后再删除。
- 被指定的会计科目不能删除。如想删除，必须先取消指定。

4. 指定会计科目

指定会计科目是指定出纳的专管科目。系统中只有指定科目后，才能执行出纳签字，从而实现库存现金、银行存款管理的保密性，并且只有指定科目才能查看库存现金、银行存款日记账。指定的现金流量科目可供编制现金流量表时取数函数使用，所以在录入凭证时，对指定的现金流量科目，系统的自动弹出窗口要求指定当前录入分录对应的现金流量项目。

例 2-23　指定"1001 库存现金"为现金总账科目、"1002 银行存款"为银行总账科目及"1001 库存现金"、"1002 银行存款"和"1012 货币资金"为现金流量科目。

操作步骤

(1) 在"会计科目"窗口中，选择"编辑"|"指定科目"命令。

(2) 打开"指定科目"对话框，选择"现金总账科目"单选按钮，在"待选科目"选择框中，将光标移到"1001 库存现金"所在行，单击">"按钮，系统自动将其列于"已选科目"框中，如图 2-57 所示。

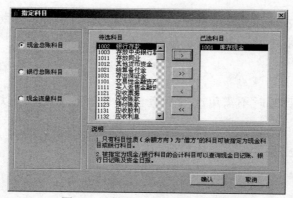

图 2-57　指定库存现金总账科目

（3）选择"银行总账科目"单选按钮，在"待选科目"选择框中，将光标移到"1002 银行存款"所在行，单击 ⬛ 按钮，系统自动将其列于"已选科目"框中。

（4）选择"现金流量科目"单选按钮，在"待选科目"中分别选中"1001 库存现金"、"1002 银行存款"和"1012 货币资金"，如图 2-58 所示。

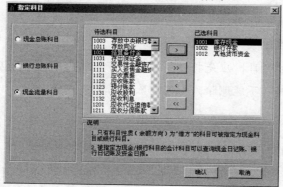

图 2-58　已指定的库存现金流量科目

（5）单击"确认"按钮。

提示

- 若想取消已指定的会计科目，可单击 ⬛ 按钮。
- 若想完成出纳签字的操作还应在总账系统的选项中设置"出纳凭证必须经由出纳签字"。
- 只有指定现金总账科目和银行存款总账科目才能进行出纳签字，并查询库存现金日记账和银行存款日记账。
- 在指定现金流量科目后，在填制凭证时若使用现金流量科目，则系统要求填写该"库存现金流量项目"，只有填写了库存现金流量项目才能由系统自动生成"库存现金流量表"。

5. 设置会计科目辅助项目

如果用户原来有许多往来单位,并且个人、部门以及项目都是通过设置明细科目来进行核算管理的,那么,在使用总账系统后,最好改用辅助核算进行管理,即将这些明细科目的上级科目设为末级科目并设为辅助核算科目,并将这些明细科目设为相应的辅助核算目录。一个科目设置了辅助核算后,它所发生的每一笔业务将会同时登记在总账和辅助明细账上。可以进行辅助核算的内容主要有:部门核算、个人往来、客户往来、供应商往来及项目核算等。

例 2-24　增加如表 2-7 所示的辅助账类型为"部门核算"的会计科目。

表 2-7　"部门核算"会计科目

科 目 编 码	科 目 名 称	辅 助 核 算
660101	工资	部门核算
660102	办公费	部门核算
660105	租赁费	部门核算

操作步骤

(1) 在"会计科目"窗口中,单击"增加"按钮,打开"会计科目新增"对话框,

(2) 输入科目编码"660101",输入科目中文名称"工资",选中"部门核算"复选框,如图 2-59 所示。

图 2-59　设置辅助核算

(3) 单击"确定"按钮,继续增加其他具有部门核算要求的会计科目。

例 2-25　将"1122　应收账款"修改为"客户往来"辅助核算的会计科目(没有受控系统),将"2202 应付账款"修改为"供应商往来"辅助核算的会计科目(没有受控系统),将"1221　其他应收款"修改为"个人往来"辅助核算的会计科目。

操作步骤

(1) 在"会计科目"窗口中，将光标移到"1122 应收账款"科目上，单击"修改"按钮或双击该会计科目，打开"会计科目修改"对话框，再单击"修改"按钮。

(2) 选中"客户往来"复选框，再选择"受控系统"下拉列表，选中空白处，如图 2-60 所示。

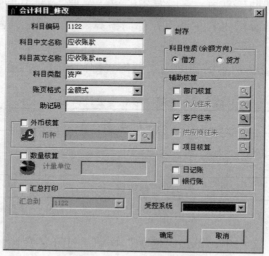

图 2-60 设置辅助核算

(3) 单击"确定"按钮。

(4) 依此方法继续修改"2202 应付账款"和"1221 其他应收款"科目。已设置的"客户往来"科目和"个人往来"科目，如图 2-61 所示。

图 2-61 设置了辅助核算内容的会计科目

提示

辅助账类必须设在末级科目上，但为了查询或出账方便，可以在其上级和末级科目上同时设置辅助账类。

2.2.5　设置现金流量项目

为了确保现金流量表编制自动化，系统已经将现行会计制度中所列示的所有的现金流量项目预置在系统中，这里只要选择现金流量项目，系统就会将所有的现金流量项目调入到账套中。当在日常业务处理过程中填制凭证时，只要使用现金流量科目就需要告诉系统相应的现金流量项目，这样就能确保系统在编制现金流量表时直接生成相应的表中数据。

例 2-26　设置 108 账套的现金流量项目。

(1) 在"用友会计信息化教学专用软件"窗口中，选择"基础设置"|"财务"|"项目目录"命令，打开"项目档案"对话框。

(2) 单击"增加"按钮，打开"项目大类定义_增加"对话框，选中"现金流量项目"单选按钮以及其中的"一般企业(新准则)"单选按钮，如图 2-62 所示。

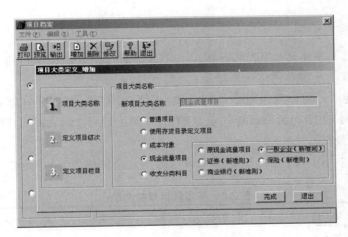

图 2-62　选择现金流量项目

(3) 单击"完成"按钮，系统提示"预置完毕"，如图 2-63 所示。

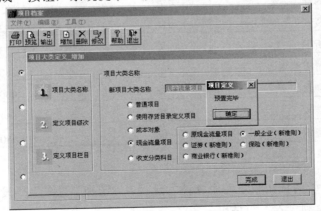

图 2-63　已预置现金流量项目

(4) 单击"确定"按钮。

2.2.6 录入期初余额

为了保证会计数据连续完整,并与手工账簿数据衔接,账务系统在第一次投入使用前还需要将各种基础数据录入系统。这些基础数据主要是各明细科目的年初余额和系统启用前各月的发生额。其上级科目的余额和发生额由系统自动进行汇总。一般情况下,资产类科目余额在借方,负债、所有者权益及利润类科目余额在贷方。如果是数量金额类科目还应输入相应的数量和单价。如果是外币科目还应输入相应的外币金额。

在输入期初数据时,如果某一科目中设置了辅助核算类别,还应输入辅助核算类别的有关初始余额。数据录入完毕后,为了保证数据的准确性,满足数据间的平衡关系,还需要对数据进行校验。

1. 录入基本科目余额

在开始使用总账系统时,应先将各账户启用月份的月初余额和年初到该月的借贷方累计发生额计算清楚,并输入到总账系统中。

如果是年初建账,可以直接录入年初余额,即期初余额。如果是在年中建账,则可录入启用当月(如 8 月)的期初余额及年初至今的月份(即 1 月至 7 月)的借、贷方累计发生额,系统自动计算年初余额。

例 2-27 2011 年 1 月,108 账套基本科目的期初余额如表 2-8 所示。

表 2-8 基本科目期初余额

科 目 名 称	方 向	期 初 余 额
库存现金	借	20 000
银行存款	借	293 230
库存商品	借	96 452
固定资产	借	1 923 600
累计折旧	贷	253 422
长期待摊费用	借	180 000
短期借款	贷	900 000
长期借款	贷	564 550
实收资本	贷	980 000

操作步骤

(1) 在"用友会计信息化教学专用软件"窗口中,选择"总账"|"设置"|"期初余额"命令,打开"期初余额录入"对话框。

(2) 将光标定在"1001 库存现金"科目的期初余额栏，输入期初余额"20 000"，如图 2-64 所示。

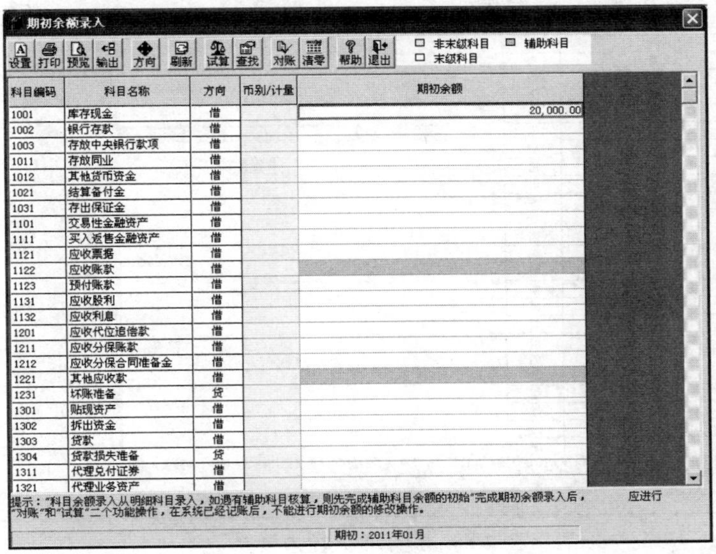

图 2-64　"期初余额录入"对话框

(3) 继续录入其他会计科目的期初余额。

提示

- 如果某科目为数量、外币核算，应录入期初数量、外币余额，而且必须先录入本币余额，再录入数量外币余额。
- 非末级会计科目余额不用录入，系统将根据其下级明细科目自动汇总计算填入。
- 出现红字余额用负号输入。
- 修改余额时，直接输入正确数据即可。
- 凭证记账后，期初余额变为浏览只读状态，不能再进行修改。

2. 录入个人往来科目余额

如果某科目涉及个人往来辅助核算，则需在系统打开的"个人往来期初"对话框中输入相关信息。

例 2-28　输入"1221 其他应收款"科目的期初余额。相关信息：日期"2010-12-23"，凭证号"付-11"，部门"业务二部"，个人名称"王娜"，摘要"出差借款"，方向"借"，期初余额"12 000 元"。

操作步骤

(1) 在"期初余额录入"对话框中，将光标移到"1221 其他应收款"科目的所在行，系统提示"个人往来"，如图 2-65 所示。

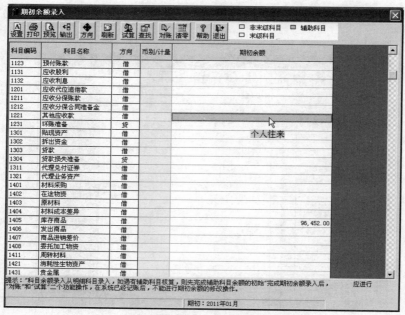

图 2-65　提示个人往来核算

(2) 双击"期初余额"栏，打开"个人往来期初"对话框。

(3) 单击"增加"按钮，将日期修改为"2010-12-23"。

(4) 输入凭证号"付-11"或双击"凭证号"栏，系统打开"凭证类别参照"对话框。

(5) 直接输入或双击后单击参照按钮，选择部门为"业务二部"、个人为"王娜"、摘要为"出差借款"。

(6) 系统默认方向为"借"、输入期初余额"12 000"，如图 2-66 所示。

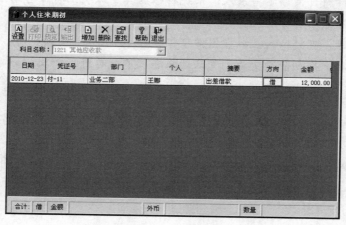

图 2-66　"个人往来期初"对话框

(7) 完成输入后，单击"退出"按钮。

提示

- 只需录入最末级科目的余额和累计发生数即可，上级科目的余额和累计发生数由系统自动计算。
- 借贷方累计发生额直接录入，期初余额在辅助项中录入。
- 如果某科目涉及部门辅助核算，则必须按辅助项录入期初余额。具体操作步骤参照个人往来科目期初余额的录入。

3. 录入单位往来科目余额

如果某科目涉及客户或供应商辅助核算，则需在系统打开的"客户往来期初"或"供应商往来期初"对话框中输入相关的信息。

例 2-29 输入"1122 应收账款"科目的期初余额"280 800"元，其中明细资料是：2010 年 11 月 18 日，销售给申优公司产品未收款(转账凭证 131 号)。输入"2202 应付账款"科目的期初余额为"108 110"元，其中明细资料是：2010 年 12 月 18 日，向伟建公司采购材料的应付款(转账凭证 19 号)。

操作步骤

(1) 在"期初余额录入"对话框中，双击"1122 应收账款"科目的"期初余额"栏，打开"客户往来期初"对话框。

(2) 直接录入或单击参照按钮选择，日期是"2010-12-18"、凭证号为"转 131"、客户为"申优公司"、摘要为"销售未收款"。

(3) 系统默认方向是"借"、输入金额为"280 800"，如图 2-67 所示。

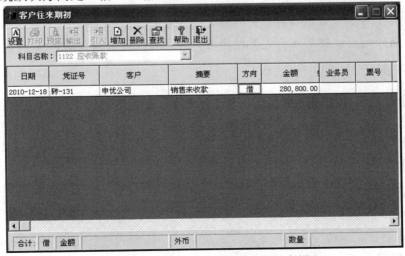

图 2-67 已录入的应收账款的期初余额

(4) 单击"退出"按钮。

(5) 依此方法继续录入"2202 应付账款"科目的期初余额"108 110"元。

4. 调整余额方向

一般情况下，系统默认资产类科目余额为借方，负债及所有者权益类科目的余额方向为贷方。但是在实际工作中，有一部分会计科目与原有系统设置的余额方向不一致，在建立会计科目时也没有对其进行相应的调整，如"坏账准备"、"累计折旧"等科目的余额方向与同类科目默认的余额方向相反。在录入会计科目余额时，系统提供了调整余额方向的功能，即在还未录入会计科目余额时如果发现会计科目的余额方向与系统设置的方向不一致时可以调整其方向。

例 2-30 将"材料成本差异"科目余额的方向由"借"调整为"贷"。

操作步骤

(1) 在"期初余额录入"对话框中，单击"材料成本差异"科目的所在行，再单击"方向"按钮，打开"调整余额方向"对话框，如图 2-68 所示。

图 2-68 "调整余额方向"对话框

(2) 确定需要调整的方向，单击"是"按钮返回，此时将"材料成本差异"科目的余额方向调整为"贷"方。

提示

- 总账科目与其下级明细科目的余额方向必须一致。
- 余额的方向应以科目属性或类型为准，而不以当前余额方向为准。

5. 试算平衡

将期初余额及累计发生额输入完成后，为了保证初始数据的正确性，必须依据"资产＝负债＋所有者权益"的原则进行平衡校验。

校验工作由计算机自动完成，校验完成后系统会自动生成一个校验的结果报告。如果试算结果不平衡，则应依次逐项进行检查和更正，然后再进行平衡校验，直至平衡为止。

例 2-31 进行期初余额试算平衡。

操作步骤

(1) 在"期初余额录入"对话框中，单击"试算"按钮，可查看期初余额试算平衡表，检查余额是否平衡，如图 2-69 所示。

图 2-69 "期初试算平衡表"对话框

(2) 单击"确认"按钮。

提示

- 如果期初余额试算不平衡，则可以填制凭证但不能记账。
- 已经记过账，则不能再录入和修改期初余额，也不能执行"结转上年余额"的功能。
- 此时已将完成了系统初始化的账套进行了备份，教师和学生均可以引入光盘中的账套进行下一步内容的学习和演练。文件名为"例题用账套/(1)已完成总账系统初始化的账套备份"。

2.3 日常业务处理

在总账系统中，当初始设置完成后，就可以开始进行日常业务的处理了。日常业务处理的任务主要包括填制凭证、审核凭证、出纳签字和记账，查询和打印输出各种凭证、总账和明细账，进行月末对账和结账等。

2.3.1 填制凭证

记账凭证是登记账簿的依据，是总账系统的唯一数据来源，而填制凭证也是最基础和最频繁的工作。在使用计算机处理账务后，电子账簿的准确与完整完全依赖于记账凭证，因而在实际工作中，必须确保准确完整地输入记账凭证。

1. 增加凭证

记账凭证一般包括两部分：一是凭证头部分，包括凭证类别、凭证编号、凭证日期和附件张数等；二是凭证正文部分，包括摘要、科目、借贷方向和金额等。如果输入的会计科目有辅助核算要求，则应输入辅助核算内容；如果一个科目同时兼有多种辅助核算，则同时要求输入各种辅助核算的有关内容。

例 2-32 以 LFKJ"刘丽芳"(口令：123456)的身份登录 108 账套填制记账凭证。1 月 12 日，计提 1 月份的长期贷款利息 5000 元。

操作步骤

(1) 在"用友会计信息化教学专用软件"窗口中，选择"总账"|"凭证"|"填制凭证"命令，或直接单击桌面上的填制凭证图标，进入"填制凭证"窗口。

(2) 单击"增加"按钮(或按 F5 键)，增加一张新凭证。选择凭证类别为"转账凭证"，确认凭证日期为"2011.01.12"，如图 2-70 所示。

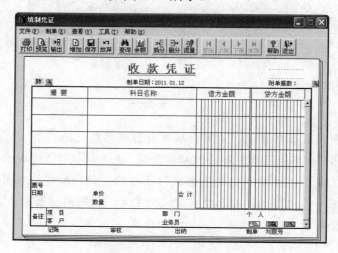

图 2-70　填制凭证头部分

(3) 在"摘要"栏输入"计提长期借款利息"，在"科目名称"栏输入财务费用科目的编码"6603"或单击参照按钮选择 "6603 财务费用"科目，也可以直接输入科目名称"财务费用"。

(4) 输入借方金额"5000"，按 Enter 键，继续输入下一行。

(5) 在第二行"科目名称"栏输入应付利息科目的编码"2231"或单击参照按钮选择"2231 应付利息"科目，也可输入科目名称"应付利息"。输入贷方余额"5000"(或单击"="键)，单击"保存"按钮，系统会显示一张完整的凭证，如图 2-71 所示。

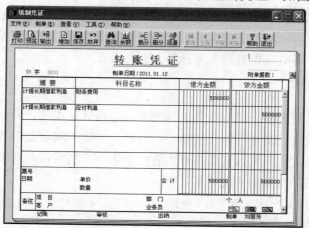

图 2-71　已保存的付款凭证

例 2-33 1 月 12 日，销售一批商品，收到货税款共计 14 040 元，其中货款 12 000 元，应交增值税(销项税)2 040 元(附单据 2 张，转账支票号为 2525-366)。

操作步骤

(1) 在"用友会计信息化教学专用软件"窗口中，选择"总账"|"凭证"|"填制凭证"命令，或直接单击桌面上的填制凭证图标，进入"填制凭证"窗口。

(2) 单击"增加"按钮(或按 F5 键)，增加一张新凭证。选择凭证类别为"收款凭证"，确认凭证日期为"2011.01.12"，录入附单据数为"2"。

提示

- 凭证类别为初始设置时已定义凭证的类别代码或名称。
- 采用自动编号时，计算机自动按月按类别进行连续编号。
- 采用序时控制时，凭证日期应大于或等于启用日期，但不能超过计算机的系统日期。
- 在"附单据数"处可以按 Enter 键通过，也可以输入单据数量。
- 凭证一旦保存，其凭证类别、凭证编号均不能修改。

(3) 在"摘要"栏输入"收到销售商品款"；在"科目名称"栏输入银行存款的编码"1002"或单击参照按钮选择"1002 银行存款"科目，也可以直接输入科目名称"银行存款"。单击 Enter 键，系统打开"辅助项"对话框。

(4) 输入结算方式"2"或单击参照按钮选择"2 转账支票"。输入票号为"2525-366"，如图 2-72 所示。

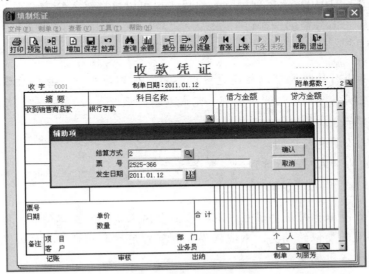

图 2-72 输入辅助信息

(5) 单击"确认"按钮，返回。

(6) 输入借方金额"14040"，单击 Enter 键，打开"现金流量表"对话框。

(7) 单击"增加"按钮后，单击"项目编码"栏的参照按钮，选择"01 销售商品、提供劳务收到的现金"，如图 2-73 所示。

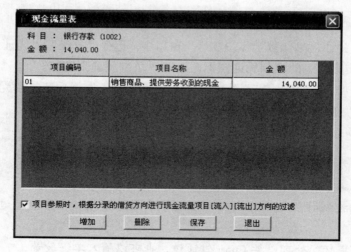

图 2-73　录入现金流量项目

(8) 单击"保存"按钮后，按 Enter 键，继续输入下一行。

(9) 在第二行"科目名称"栏中输入主营业务收入的编码"6001"或单击参照按钮选择 "6001 主营业务收入"科目，也可以直接输入科目名称"主营业务收入"；输入贷方金额为"12 000"，按 Enter 键，继续输入下一行。

(10) 在第三行"科目名称"栏中输入应交税金(销项税额)的编码"22210102"或单击参照按钮选择 "22210102 销售项税额"科目，也可以直接输入贷方金额"2 040 "(或按"="键生成最后一条分录的金额)。

提示

● 正文中不同行的摘要可以相同也可以不同，但不能为空。每行摘要将随相应的会计科目在明细账、日记账中出现。完成新增分录后，按 Enter 键，系统将摘要自动复制到下一分录行。

● 科目编码必须是末级的。

● 金额不能为"零"，红字以"－"号表示。

小知识

由于在日常经济业务处理的过程中有很多业务内容是相同或类似的，因此，在填制凭证时会填写相同或类似的摘要，系统提供了设置常用摘要的功能，可以单击"摘要"栏的参照按钮设置常用摘要。

(11) 单击"保存"按钮，系统显示一张完整的凭证，如图 2-74 所示。

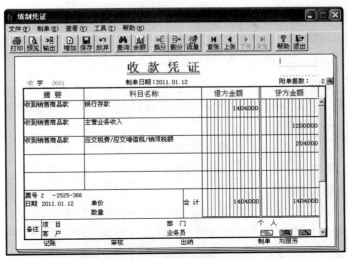

图 2-74 已保存的付款凭证

提示

● 输入的结算方式、票号和发生日期将在进行银行对账时使用。

● 若当前分录的金额为其他所有分录的借贷方差额，则在金额处按 "=" 键即可。

● 凭证填制完成后，只要继续增加凭证或退出当前凭证，凭证均可自动保存。

例 2-34　1 月 15 日发生如下几笔业务。

① 业务一部刘晶预借差旅费 6 000 元(单据共计 1 张)。(现金流量项目：07 支付的其他与经营活动有关的现金)

借：其他应收款(业务一部—刘晶)　6000

　　贷：库存现金　6000

② 收到申优公司的转账支票(N0.22206)，偿还前欠货款 280 000 元(现金流量项目：01 销售商品提供劳务收到的现金)。

借：银行存款　　　　　　　　280000

　　贷：应收账款(申优公司)　　280000

③ 以转账支票(N0.3306)购买小型设备一台，价款共计 50 000 元(现金流量项目：13 购买固定资产、无形资产和其他长期资产支付的现金)。

借：固定资产　50000

　　贷：银行存款　50000

④ 以转账支票(N0.3722)支付伟建公司前欠货款 100 000 元(现金流量项目为 04 购买商品、接受劳务支付的现金)。

借：应付账款　100000

　　贷：银行存款　100000

⑤ 以现金支付业务部的租金 5 000 元。其中业务一部 2 000 元，业务二部 3 000 元。

(现金流量项目：07 支付其他与经营活动有关的现金)

借：销售费用—租赁费(业务一部)　　2000

　　　　　　　　(业务二部)　　3000

　　贷：库存现金　　　　　　　　　　5000

⑥ 以转账支票(NO.3309)支付业务一部的办公费 1 200 元(现金流量项目：07 支付其他与经营活动有关的现金)。

借：销售费用—办公费(业务一部)　　1200

　　贷：银行存款　　　　　　　　　　1200

第 1 笔业务的操作步骤：

(1) 在"填制凭证"窗口中，单击"增加"按钮(或按 F5 键)，增加一张新凭证。

(2) 输入或选择凭证类别为"付款凭证"、制单日期是"2011.01.15"、附单据数"1"。

(3) 输入摘要为"预借差旅费"、科目名称为"1221 其他应收款"，系统打开"辅助项"对话框。

(4) 单击"部门"栏的参照按钮，选择"业务一部"，单击"个人"栏的参照按钮，选择"刘晶"，如图 2-75 所示。

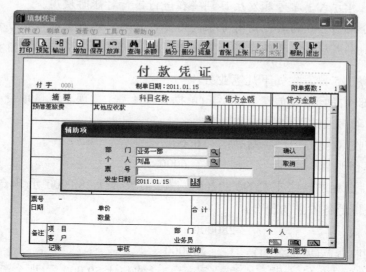

图 2-75　录入部门辅助项

(5) 单击"确认"按钮。

(6) 输入借方金额"6 000"，单击 Enter 键。

(7) 在第二行"科目名称"栏输入编码"1001"，或单击参照按钮选择"1001 库存现金"科目，输入贷方金额"6 000"(或按"="键)，单击 Enter 键，选择现金流量项目为"07 支付其他与经营活动有关的现金"。单击"保存"按钮，系统会显示一张完整的凭证。

第 2 笔业务的操作步骤：

(1) 单击"增加"按钮(或按 F5 键)，增加一张新凭证。

(2) 输入或选择凭证类别"收款凭证"、制单日期"2011.01.15"。

(3) 输入摘要为"收到申优公司还款"、科目名称"1002 银行存款"(转账结算方式，号为22206)，输入借方金额"280 000"并单击 Enter 键，选择现金流量项目"01 销售商品提供劳务收到的现金"。在第二行"科目名称"栏输入编码"1122"(即 1122 应收账款)，单击 Enter 键，选择客户为"申优公司"，输入贷方金额为"280 000"(或按"="键)。

(4) 以此方法继续录入另外 4 笔业务的记账凭证。

提示

● 当输入一个不存在的姓名时，应先编辑该人姓名及其他资料。在录入个人信息时，若不输入"部门名称"而只输入"个人名称"时，系统将根据所输入的个人名称自动输入其所属的部门。

● 其他辅助核算科目可以参照录入，不再赘述。

2．修改凭证

输入凭证时，尽管系统提供了多种控制错误的手段，但误操作是在所难免的，记账凭证的错误，必然影响系统的核算结果。为更正错误，可以通过系统提供的修改功能对错误凭证进行修改。

对错误凭证进行修改，可分为"无痕迹"修改和"有痕迹"修改两种。

"无痕迹"修改，即不留下任何曾经修改的线索和痕迹。下列两种状态下的错误凭证可实现无痕迹修改。

● 对已经输入但未审核的机内记账凭证进行直接修改；

● 已通过审核但还未记账的凭证不能直接修改，可以先取消审核再修改。

即未经审核的错误凭证可通过"制单"功能直接修改。而已审核的凭证应先取消审核后，再通过凭证"制单"功能进行修改。"无痕迹"修改可以参照以下操作方法操作。

操作步骤

(1) 在"填制凭证"对话框中，通过"查询"功能或单击"上张"或"下张"按钮，找到要修改的凭证。

(2) 将光标移到需修改的地方即可直接修改。

(3) 双击要修改的辅助项，即可直接修改"辅助项"对话框中的相关内容。

(4) 在当前金额的相反方向，按空格键可修改金额方向。

(5) 单击"插分"按钮，可在当前分录前增加一条分录。

(6) 若当前分录的金额为其他所有分录的借贷方差额，则在金额处按"="键即可。

(7) 单击"保存"按钮，保存当前修改的内容。

提示

● 若已采用制单序时控制，则修改的制单日期，不能在上一张凭证的制单日期之前。

● 若已选择不允许修改或作废他人填制的凭证权限控制，则不能修改或作废他人填制的凭证。

- 外部系统(如工资系统、固定资产系统等)传递来的凭证不能在总账系统中进行修改，只能在生成该凭证的系统中进行修改或删除。

例 2-35 将第 0002 号付款凭证中的购买固定资产的金额修改为 "58 500" 元。

操作步骤

(1) 在 "填制凭证" 对话框中，单击 "上张" 或 "下张" 按钮，找到要修改的 "付字 0002" 凭证。

(2) 直接将借方金额修改为 "58 500"，将光标移到 "贷方金额" 栏中输入贷方金额 "58 500"，或按 "=" 键，单击 "流量" 按钮，打开 "现金流量表" 对话框，将现金流量的金额修改为 "58 500"，如图 2-76 所示。

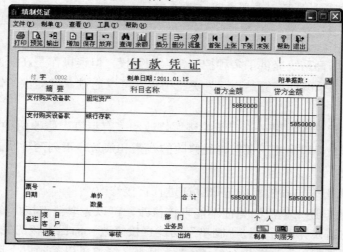

图 2-76 修改凭证

(3) 单击 "保存" 按钮。

"有痕迹" 修改，即留下曾经修改的线索和痕迹，通过保留错误凭证和更正凭证的方式留下修改痕迹。如果已记账凭证发现有错，则不能再对其进行修改，对此类错误的修改要求留下审计线索。这时可以采用红字冲销法或者补充登记法进行更正。

3. 冲销凭证

如果需要冲销某张已记账的凭证，可以选择 "制单" | "冲销凭证" 命令制作红字冲销凭证。

操作步骤

(1) 在 "填制凭证" 窗口中，选择 "制单" | "冲销凭证" 命令，打开 "冲销凭证" 对话框。

(2) 输入月份、凭证类别和凭证号。

(3) 单击"确定"按钮，系统自动生成一张红字冲销凭证。

提示

● 进行红字冲销的凭证，必须是已经记账的凭证。

● 制作红字冲销凭证将错误凭证冲销后，需要再编制正确的蓝字凭证进行补充。

● 通过红字冲销法增加的凭证，应视同其为正常凭证进行保存和管理。

4．作废及删除凭证

日常操作过程中，若遇到某张凭证需要作废时，可以使用"作废/恢复"功能，将这些凭证作废。

操作步骤

(1) 在"填制凭证"窗口中，通过"查询"功能或单击"上张"或"下张"按钮，找到要删除的凭证。

(2) 选择"制单"|"作废/恢复"命令。

(3) 凭证左上角会显示"作废"字样，表示该凭证已作废。

提示

● 作废凭证仍将保留凭证内容及编号，只显示"作废"字样。

● 作废凭证不能修改，也不能审核。

● 在记账时，已作废的凭证将参与记账，否则月末无法结账，但系统不对作废凭证进行数据处理，即相当于一张空凭证。

● 账簿查询时，找不到作废凭证的数据。

● 若要恢复已作废的凭证，可选择"制单"|"作废/恢复"命令，取消作废标志，并将当前凭证恢复为有效凭证。

如果不想保留作废凭证，可以通过"整理凭证"功能，将其彻底删除，并对该作废凭证之后的未记账凭证进行重新编号。

操作步骤

(1) 在"填制凭证"窗口中，找到已注明"作废"的凭证。

(2) 选择"制单"|"整理凭证"命令，系统要求选择凭证期间，选择要整理的月份。

(3) 单击"确定"按钮，系统打开"作废凭证表"对话框。

(4) 选择要彻底删除的作废凭证，在"删除"栏双击打上"Y"标记。

(5) 单击"确定"按钮，系统将这些凭证从数据库中彻底删除并对之后的未记账凭证重新排号。

提示

● 只能对未记账的凭证作凭证整理。

● 要对已记账凭证作凭证整理，应先取消记账，再作凭证整理。

例 2-36 删除第 0003 号付款凭证。

操作步骤

(1) 在"填制凭证"窗口中,单击"上张"或"下张"按钮,找到要删除的"付字 0003"凭证。

(2) 选择"制单"|"作废/恢复"命令,在凭证左上角显示"作废"字样,如图 2-77 所示。

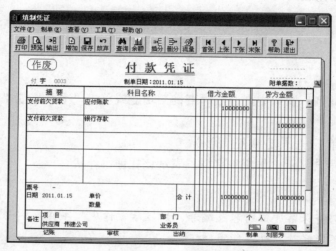

图 2-77 作废凭证

(3) 选择"制单"|"整理凭证"命令,出现"请选择凭证期间"对话框,如图 2-78 所示。

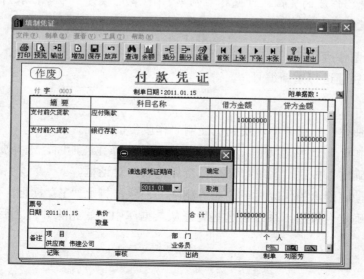

图 2-78 选择作废凭证的期间

(4) 单击"确定"按钮,打开"作废凭证表"对话框,在"删除"栏双击打上"Y"标记,如图 2-79 所示。

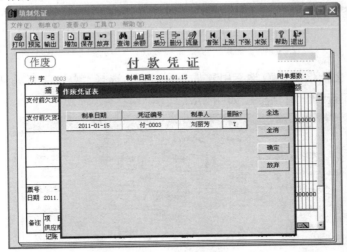

图 2-79 选择作废凭证

(5) 单击"确定"按钮,系统提示"是否需整理凭证断号",如图 2-80 所示。

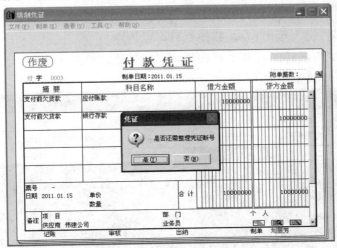

图 2-80 整理断号提示

(6) 单击"是"按钮,完成删除凭证的操作。

5. 查询凭证

在制单过程中,可以通过"查询"功能对凭证进行查看,以便随时了解经济业务发生的情况,保证填制凭证的正确性。

例 2-37 查询 2011 年 01 月,尚未记账的 1 号付款凭证。

操作步骤

方法一

在"填制凭证"窗口中，单击"查询"按钮或者选择"查看"|"查询"命令，打开"凭证查询"对话框。

方法二

(1) 在"用友会计信息化教学专用软件"窗口中，选择"总账"|"凭证"|"查询凭证"命令，打开"凭证查询"对话框，如图 2-81 所示。

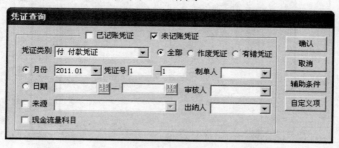

图 2-81 "凭证查询"对话框

(2) 选择"未记账凭证"复选框。

(3) 选择"凭证类别"下拉列表框中的"付款凭证"选项。

(4) 输入凭证号"1"至"1"，其他栏目可以为空。

(5) 单击"确认"按钮，打开"查询凭证"对话框，单击"确定"按钮，即可找到符合查询条件的凭证，如图 2-82 所示。

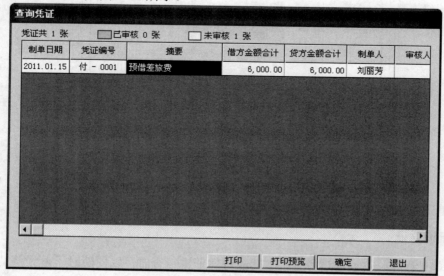

图 2-82 查找到的凭证

(6) 单击"确定"按钮，打开 0001 号付款凭证，如图 2-83 所示。

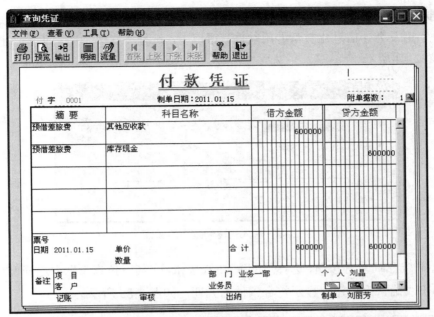

图 2-83　查找到的凭证

(7) 单击已查到凭证的右下方图标 (左一)，将显示当前分录是第几条分录；单击凭证右下方的图标 (中间)，则显示生成该分录的原始单据类型、单据日期及单据号；单击凭证右下方的图标 (右一)，显示当前科目的自定义内容或辅助项内容。在各会计分录间移动光标，备注栏将动态显示出该分录的辅助信息。

提示
- 在"填制凭证"窗口中，选择【查看】菜单中的命令可以查看当前科目最新余额、外部系统制单信息以及联查明细账及查找分单等。
- 如果凭证尚未记账，则可以直接在填制凭证功能中查看。

2.3.2　出纳签字

为了加强企业库存现金收入与支出的管理，应加强对出纳凭证的管理。出纳凭证的管理可以采用多种方法，其中出纳签字就是主要的方法之一。出纳签字是指由出纳人员通过"出纳签字"功能对制单员填制的带有库存现金和银行存款科目的凭证进行检查核对，主要核对出纳凭证的科目金额是否正确。如果凭证正确则在凭证上进行出纳签字；经审查如果认为该张凭证有错误或有异议，则不予签字，应交给填制人员修改后再核对。

例 2-38　以"CHKJ 陈惠"的身份登录 108 账套，将 2011 年 1 月份所填制的收付凭证进行出纳签字。

操作步骤

(1) 在"用友会计信息化教学专用软件"窗口中,选择"总账"|"凭证"|"出纳签字"命令,如图 2-84 所示。

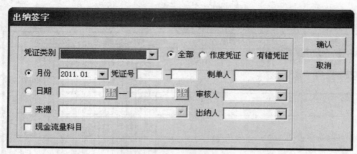

图 2-84　输入需出纳签字的凭证

(2) 选择"全部"单选按钮,选择"月份"单选按钮,在其下拉列表框中选择"2011.01"。

(3) 单击"确认"按钮,显示符合条件的凭证,如图 2-85 所示。

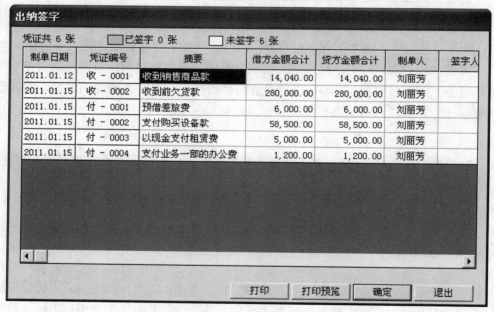

制单日期	凭证编号	摘要	借方金额合计	贷方金额合计	制单人	签字人
2011.01.12	收 - 0001	收到销售商品款	14,040.00	14,040.00	刘丽芳	
2011.01.15	收 - 0002	收到前欠货款	280,000.00	280,000.00	刘丽芳	
2011.01.15	付 - 0001	预借差旅费	6,000.00	6,000.00	刘丽芳	
2011.01.15	付 - 0002	支付购买设备款	58,500.00	58,500.00	刘丽芳	
2011.01.15	付 - 0003	以现金支付租赁费	5,000.00	5,000.00	刘丽芳	
2011.01.15	付 - 0004	支付业务一部的办公费	1,200.00	1,200.00	刘丽芳	

图 2-85　显示符合条件的凭证

(4) 单击"确定"按钮,打开一张需签字的凭证。

(5) 检查核对无误后,单击"签字"按钮,系统在凭证的"出纳"处自动签上出纳的姓名,如图 2-86 所示。

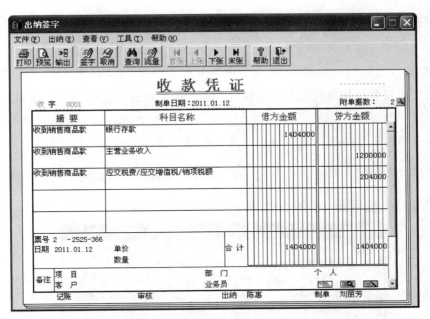

图 2-86　已进行出纳签字的凭证

(6) 单击"下张"按钮，对其他的凭证进行签字处理。

提示

- 若对出纳凭证进行签字操作应做好两项准备。即在具有"出纳签字"权限的操作员和在系统初始化的科目设置中指定"库存现金"为"现金总账科目"，"银行存款"为"银行总账科目"。
- 已签字凭证仍有错误，则需单击"取消"按钮，取消签字，再由制单人修改。
- 出纳签字时，可以选择"签字"|"成批出纳签字"命令；取消签字时，则可以选择"签字"|"成批取消签字"命令完成相应的操作。
- 凭证一经签字，不能被修改、删除，只有取消签字后才可以进行，取消签字只能由出纳本人进行操作。

2.3.3　审核凭证

审核凭证是指由具有审核权限的操作员按照会计制度规定，对制单人填制的记账凭证进行合法性检查。其目的是防止错误及舞弊。

凭证审核时，可直接由具有审核权限的操作员根据原始凭证，对未记账的凭证进行审核，对正确的记账凭证，发出签字指令，计算机会在凭证上填上审核人名字。按照有关规定，制单人和审核人不能是同一个人，如果当前操作员与制单人相同，则应通过重新注册功能更换操作员后再进行审核操作。

例 2-39 以 CWZG(朱湘，口令：123456)的身份登录注册 108 账套，审核 1 月份填制的凭证。

操作步骤

(1) 在“用友会计信息化教学专用软件”窗口中，选择“文件”|“重新注册”命令。

(2) 在打开的“注册总账”对话框的“用户名”栏中输入“CWZG”，并输入密码“123456”。

(3) 单击“确定”按钮，重新进入“总账系统”窗口。

(4) 选择“总账”|“凭证”|“审核凭证”命令，或直接单击桌面上的审核凭证图标 ，打开“凭证审核”对话框，如图 2-87 所示。

凭证审核
凭证类别
全部
作废凭证
有错凭证
确认
取消
月份
2011.01
凭证号
制单人
日期
审核人
来源
出纳人
现金流量科目

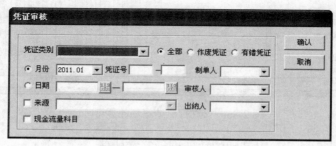

图 2-87 “凭证审核”对话框

(5) 单击“确认”按钮，系统显示全部的记账凭证，如图 2-88 所示。

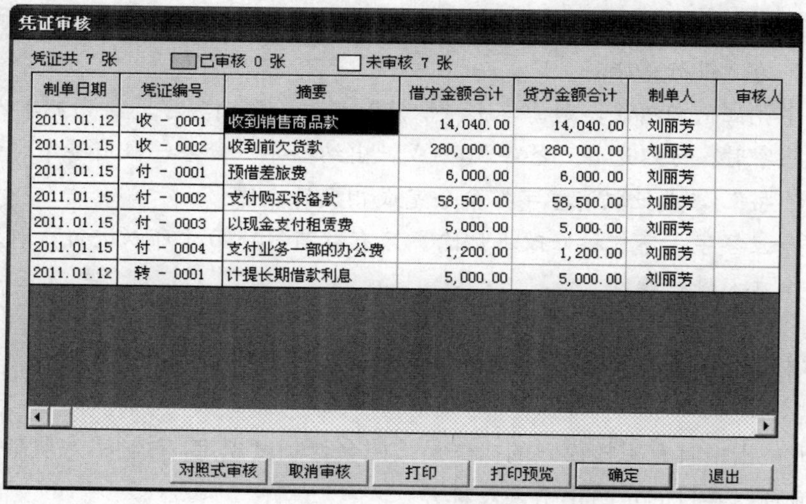

凭证审核
凭证共 7 张
已审核 0 张
未审核 7 张
制单日期 | 凭证编号 | 摘要 | 借方金额合计 | 贷方金额合计 | 制单人 | 审核人
2011.01.12 | 收 - 0001 | 收到销售商品款 | 14,040.00 | 14,040.00 | 刘丽芳
2011.01.15 | 收 - 0002 | 收到前欠货款 | 280,000.00 | 280,000.00 | 刘丽芳
2011.01.15 | 付 - 0001 | 预借差旅费 | 6,000.00 | 6,000.00 | 刘丽芳
2011.01.15 | 付 - 0002 | 支付购买设备款 | 58,500.00 | 58,500.00 | 刘丽芳
2011.01.15 | 付 - 0003 | 以现金支付租赁费 | 5,000.00 | 5,000.00 | 刘丽芳
2011.01.15 | 付 - 0004 | 支付业务一部的办公费 | 1,200.00 | 1,200.00 | 刘丽芳
2011.01.12 | 转 - 0001 | 计提长期借款利息 | 5,000.00 | 5,000.00 | 刘丽芳
对照式审核
取消审核
打印
打印预览
确定
退出

图 2-88 显示符合条件的凭证

(6) 单击“确定”按钮，打开待审核的记账凭证。

(7) 对凭证进行检查并确定无误后，单击“审核”按钮；如认为有错误，可单击“标错”按钮。已审核的第 0001 号收款凭证如图 2-89 所示。

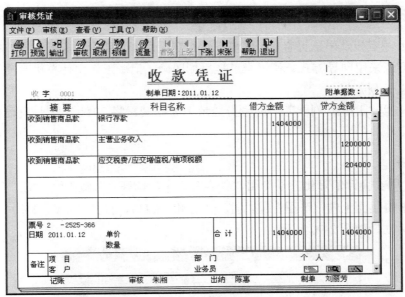

图 2-89 已审核的凭证

(8) 以此方法继续审核其他的记账凭证。

提示

- 在确认一批凭证无错误时可以选择"审核"|"成批审核凭证"命令，完成成批审核的操作。
- 作废凭证不能被审核，也不能被标错。
- 审核人和制单人不能是同一个人。
- 凭证一经审核，不能被修改和删除，只有取消审核签字后才能进行修改或删除。
- 已标错的凭证不能被审核，需先取消标错后才能进行审核。
- 此时对 108 账套进行备份，以便教师和学生可以直接引入光盘中的账套来继续操作下一步的内容。文件名为"(2)记账前的备份"。

2.3.4 记账

记账是以会计凭证为依据，将经济业务全面、系统、连续地记录到具有账户基本结构的账簿中的一种方法。

在手工方式下，记账是由会计人员根据已审核的记账凭证及所附有的原始凭证逐笔或汇总后登记有关的总账和明细账等账簿。

在电算化方式下，记账是由有记账权限的操作员发出记账指令，由计算机按照预先设计的记账程序自动进行合法性检查、科目汇总并登记账簿等。

1．记账

记账凭证经审核及出纳签字后，即可以进行登记总账、明细账、日记账及往来账等操作。本系统记账采用向导方式，使记账过程更加明确，记账工作由计算机自动进行数据处理，不用人工干预。

例 2-40 以"LFKJ 刘丽芳"的身份登录 108 账套，将 2011 年 1 月份已审核过的记账凭证进行记账。

操作步骤

(1) 在"用友会计信息化教学专用软件"窗口中，选择"总账"|"凭证"|"记账"命令，或直接单击桌面上的记账图标 ，打开"记账"窗口，打开"记账向导—选择本次记账范围"对话框，如图 2-90 所示。

图 2-90 选择本次记账范围

(2) 选择需要记账的范围，默认为所有已审核的凭证。

(3) 单击"下一步"按钮，打开"记账向导—记账报告"对话框，如图 2-91 所示。

图 2-91 记账报告

(4) 如果需要打印记账报告，可单击"打印"按钮。

(5) 单击"下一步"按钮，打开"记账向导—记账"对话框，如图 2-92 所示。

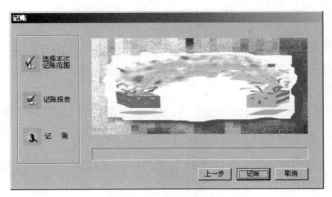

图 2-92　记账

(6) 单击"记账"按钮，显示"期初试算平衡表"对话框，如图 2-93 所示。

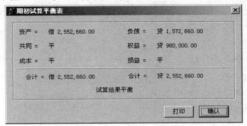

图 2-93　显示期初试算平衡表

(7) 单击"确认"按钮，系统开始登录有关的总账、明细账以及辅助账，结束后系统弹出"记账完毕"的提示对话框，如图 2-94 所示。

图 2-94　记账完毕的提示

(8) 单击"确定"按钮。

提示

- 记账范围可输入数字、"–"和","。
- 第一次记账时，若期初余额试算不平衡，则不能记账。
- 上月未结账，本月不能记账。
- 作废凭证不需审核可直接记账。
- 在记账过程中，如果发现某一步设置错误，可单击"上一步"按钮返回后进行修改。如果不想再继续记账，可单击"取消"按钮，取消本次记账工作。
- 在记账过程中，不得中断退出。

2.取消记账

如果由于某种原因，事后发现本月已记账的凭证有错误且必须在本月进行修改，则可利用"恢复记账前状态"功能，将本月已记账的凭证恢复到未记账状态，然后进行修改、审核后再进行记账。

例 2-41   以账套主管"CWZG 朱湘"的身份，取消 108 账套 1 月份的所有记账操作。

操作步骤

(1) 在"用友会计信息化教学专用软件"窗口中，选择"总账"|"期末"|"对账"命令，打开"对账"对话框。

(2) 单击 2011.01 月份所在行，按 CTRL+H 键，激活"恢复记账前状态"功能，如图 2-95 所示。

图 2-95   激活恢复记账前状态

(3) 单击"确定"按钮。

(4) 单击"退出"按钮，返回到"用友会计信息化教学专用软件"窗口中。

(5) 选择"总账"|"凭证"|"恢复记账前状态"命令，打开该窗口，选择"2011 年 01 月初状态"单选按钮，如图 2-96 所示。

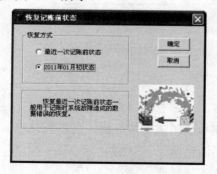

图 2-96   "恢复记账前状态"对话框

(6) 单击"确定"按钮，系统弹出"请输入主管口令"对话框。

(7) 输入主管的口令"123456"，单击"确认"按钮。

(8) 系统显示"恢复记账完毕"提示对话框，如图 2-97 所示。

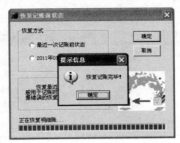

图 2-97　恢复记账完毕

(9) 单击"确定"按钮返回。

提示

- 只有账套主管才有权限进行恢复到记账前状态的操作。
- 对于已结账的月份，不能恢复记账前状态。
- 如果再按 CTRL+H 键，则可以隐藏"恢复记账前状态"功能。

2.4　账簿管理

　　企业发生的经济业务，经过制单、审核和记账操作之后，就形成了正式的会计账簿。为了能够及时地了解账簿中的数据资料，并满足对账簿数据的统计分析及打印需要，系统提供了强大的查询功能，包括基本会计核算账簿的查询输出、各种辅助核算账簿及库存现金和银行存款日记账的查询和输出。整个系统可以方便地实现对总账、明细账及凭证等账、证、表资料的联查。

2.4.1　总账

　　总账查询主要包括查询三栏式总账、数量金额式总账及余额表等。通过总账查询可以总括地了解总账及余额表的期初余额、本期发生额和期末余额的情况。

　　总账通常被定义为三栏式，即借贷余三栏账。在电算化方式下，通过三栏式总账查询功能，不但可以查询各总账科目的年初余额、各月发生额合计和月末余额，而且还可查询所有明细科目的年初余额、各月发生额合计和月末余额等。

　　例 2-42　以 108 账套主管"CWZG 朱湘"的身份，查询 2011 年 1 月"1601 固定资产"的总账余额。

　　操作步骤

　　(1) 在"用友会计信息化教学专用软件"窗口中，选择"总账"|"账簿查询"|"总账"命令，打开"总账查询条件"对话框。

(2) 在"科目"框中,直接输入"固定资产"或单击参照按钮选择"1601"。

(3) 默认"级次"框中的级次范围,如图 2-98 所示。

图 2-98　输入总账查询条件

提示

● 由于在上一例题中已经取消了对 108 账套的记账操作,因此,在查询账簿前应将 108 账套记账后再查询。

● 科目范围为空时,系统认为查询所有科目。

● 如果需查询一至三级科目,可选择级次范围为"1-3",如果需查询所有末级科目,则应选中"末级科目"复选框。

● 如果需查看明细账还可在"总账查询条件"对话框中单击"明细"按钮。

● 如果需查询包含未记账凭证的总账,则应选中"包含未记账凭证"复选框。

● 可将查询条件保存到"我的账簿"中。

(4) 单击"确认"按钮,显示查询结果,如图 2-99 所示。

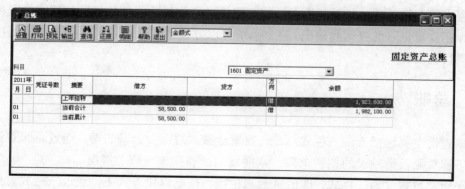

图 2-99　显示查询结果

2.4.2　余额表

余额表查询与总账查询基本相似,主要用于查询和统计各级科目的本月发生额、累计发生额和余额等,可输出某月或某几个月的所有总账科目或明细科目的期初余额、本期发生额、累计发生额以及期末余额等。可以分别按会计科目的类型和金额区间等方式进行查询。此处主要介绍未记账余额表的查询。

例 2-43　查询包含未记账凭证的所有的科目余额表。

操作步骤

(1) 在"用友会计信息化教学专用软件"窗口中，选择"总账"|"账簿查询"|"余额表"命令，打开"发生额及余额查询条件"对话框，如图 2-100 所示。

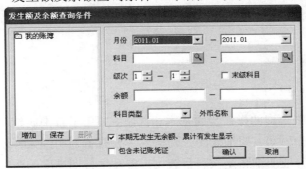

图 2-100　"发生额及余额查询条件"对话框

(2) 在"月份"下拉列表框中，输入起止月份范围。当只查询某个月的资料时，应将起止月份都选择为同一月份，如查询 2011.01 月，则月份范围应选择"2011.01－2011.01"。

(3) 选中"末级科目"及"包含未记账凭证"复选框。

(4) 单击"确认"按钮，系统显示"发生额及余额表"，如图 2-101 所示。

图 2-101　发生额及余额表

(5) 可在"账页格式"下拉列表框中，选择账页格式。

(6) 单击"累计"按钮，系统自动显示借贷方累计发生额。

(7) 将光标定在具有辅助核算的科目所在行,单击"专项"按钮,可查到相应科目的辅助总账或余额表。

提示

- 输入"科目编码"时可以使用通配符"?",如"? 01"表示查找一级为任何编码,二级为 01 的科目。
- 通配符使用时只能是某个级次编码都用"?",不能在某个级次的编码中一个用"?"一个用编码。

2.4.3 明细账

明细账查询与总账查询的操作步骤基本相同,主要用于查询明细科目的期初余额、各月发生额合计和月末余额等。明细账的查询格式主要有普通明细账、按科目排序明细账以及月份综合明细账。普通明细账是按科目查询,按发生日期排序的明细账;按科目排序明细账是指如果查询非末级科目时,按其有发生额的末级科目排序的明细账;月份综合明细账是按非末级科目查询,包含非末级科目总账数据及末级科目明细数据的综合明细账,它可以使各级科目的数据关系一目了然。

普通明细账查询主要用于平时按科目范围查询各账户的明细发生情况,及按任意条件组合查询明细账。在查询过程中可以包含未记账凭证。

例 2-44 查询"6603 财务费用"明细账(包含未记账凭证),并按科目进行排序。

操作步骤

(1) 在"用友会计信息化教学专用软件"窗口中,选择"总账"|"账簿查询"|"明细账"命令,打开"明细账查询条件"对话框,如图 2-102 所示。

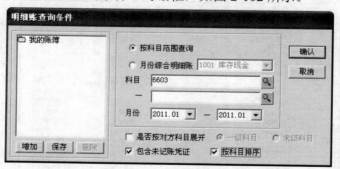

图 2-102 输入明细账查询条件

(2) 选择"按科目范围查询"单选按钮,单击"科目"栏的参照按钮,选择"6603 财务费用"科目。

(3) 在"月份"下拉列表框中输入"2011 .01-2011.01"。

(4) 选中"按科目排序"及"包含未记账凭证"复选框。

(5) 单击"确认"按钮，系统显示查询结果。

提示

在明细账查询窗口中可以联查到相应科目的总账及记账凭证等。

2.4.4　多栏账

在总账系统中，系统根据要分析科目及其下级科目自动生成"多栏账"。一般情况下，负债和收入类科目分析其下级科目的贷方发生额，而资产和费用类科目分析其下级科目借方发生额，并允许随时调整。

例 2-45　查询"销售费用"多栏式明细账。

操作步骤

(1) 在"用友会计信息化教学专用软件"窗口中，选择"总账"|"账簿查询"|"多栏账"命令，打开"多栏账"对话框，如图 2-103 所示。

图 2-103　"多栏账"对话框

(2) 在"多栏账"对话框中，单击"增加"按钮，打开"多栏账定义"对话框，如图 2-104 所示。单击"核算科目"下拉列表框的下三角按钮，选择"销售费用"选项。

图 2-104　"多栏账定义"对话框

(3) 单击"自动编制"按钮，如图 2-105 所示。

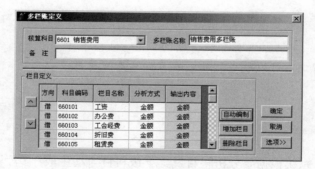

图 2-105　已定义管理费用多栏账

(4) 单击"确定"按钮，返回"多栏账"对话框，如图 2-106 所示。

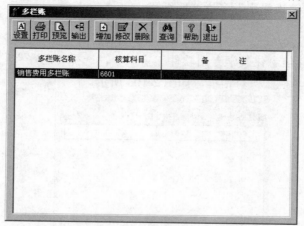

图 2-106　选中的销售费用多栏账

(5) 单击"查询"按钮，打开"多栏账查询"对话框，如图 2-107 所示。

图 2-107　"多栏账查询"对话框

(6) 单击"确认"按钮，系统显示查询结果，如图 2-108 所示。

提示

● 单击"凭证"按钮可以查询多栏账中的相应凭证查询。

● 在"多栏"下拉列表框中可以选择其他多栏账的内容进行查询。

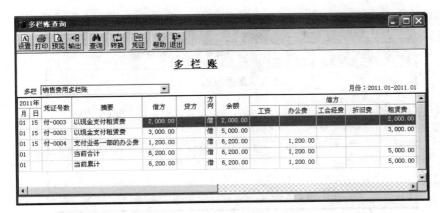

图 2-108　显示多栏账查询结果

2.4.5　个人往来账

个人往来辅助账主要涉及个人往来辅助账余额表及明细账。余额表和明细账的查询与普通明细账和余额表的查询类似，在此不再复述，这里只涉及往来账清理。

个人往来账的清理主要是对个人往来账户的勾对，并提供账龄分析及催款单。个人往来的勾对功能主要用于对个人的借款、还款情况进行清理，能够及时地了解个人借款、还款情况，清理个人借款。勾对是将已达账项打上已结清的标记，如：某个人上月借款 23 000元，本月归还欠款 23 000 元，则两清就是在这两笔业务上同时打上标记，表示这笔往来业务已结清。

例 2-46　查询业务一部刘晶的个人借款(个人明细账查询)。

操作步骤

(1) 在"用友会计信息化教学专用软件"窗口中，选择"总账"|"辅助查询"|"个人往来明细账"|"个人明细账查询"命令，打开"个人往来_个人明细账"对话框，如图2-109 所示。

图 2-109　个人往来明细账查询条件对话框

(2) 在"部门"框中，直接输入或单击参照按钮选择"业务一部"。

(3) 在"个人"框中，直接输入或单击参照按钮选择"刘晶"。

(4) 单击"确认"按钮, 显示"个人往来明细账"界面, 如图 2-110 所示。

图 2-110 个人往来明细账

2.4.6 部门账

在总账系统中, 如果在定义会计科目时, 把某科目设置为部门辅助核算, 系统则对这些科目除了进行部门核算外, 还提供横向和纵向的查询统计功能, 为企业管理者输出各种会计信息, 真正体现了"管理"的功能。

部门辅助账的管理主要涉及部门辅助总账、明细账的查询, 正式账簿的打印以及如何得到部门收支分析表。部门总账和部门明细账的查询方法与普通总账和明细账的查询方法类似, 这里以部门收支分析表来说明部门管理的方法和作用。

例 2-47 对所有部门进行部门收支分析。

操作步骤

(1) 在"用友会计信息化教学专用软件"窗口中, 选择"总账"|"辅助查询"|"部门收支分析"命令, 打开"部门收支分析条件"的"选择分析科目"对话框。

(2) 在"部门收支分析条件"对话框中, 单击传递按钮 ⬇️, 选择要进行分析的科目, 如图 2-111 所示。

图 2-111 选择分析科目

(3) 在"部门收支分析条件"对话框中, 单击"下一步"按钮, 打开"部门收支分析条件"的"选择分析部门" 对话框。

　　(4) 在"部门收支分析条件"对话框中，单击 ⚏ 按钮，选择所有要进行分析的部门，如图 2-112 所示。

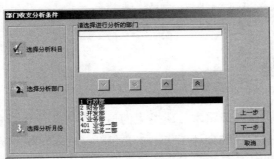

图 2-112　选择分析部门

　　(5) 在"部门收支分析条件"对话框中，单击"下一步"按钮，打开"部门收支分析条件"的"选择分析月份"对话框，如图 2-113 所示。

图 2-113　选择分析月份

　　(6) 单击"完成"按钮，打开"部门收支分析表"窗口，如图 2-114 所示。

科目编码	科目名称	统计方式	方向	合计金额	1 行政部金额	2 财务部金额	3 开发部金额	4 业务部金额	401 业务一部金额	402 业务二部金额
660101	工资	期初	借							
		借方								
		贷方								
		期末	借							
660102	办公费	期初	借							
		借方		1,200.00					1,200.00	1,200.00
		贷方								
		期末	借	1,200.00					1,200.00	1,200.00
660105	租赁费	期初	借							
		借方		5,000.00					2,000.00	3,000.00
		贷方								
		期末	借	5,000.00					2,000.00	3,000.00
费用科目	合计	期初	借							
		借方		6,200.00					3,200.00	3,000.00
		贷方								
		期末	借	6,200.00					3,200.00	3,000.00

图 2-114　部门收支分析表

提示

- 在"部门收支分析表"界面，单击"收入科目"选项卡可以查询部门收入情况；单击"费用科目"选项卡可以查询部门费用情况。
- 此时将 108 账套备份为"(3)期末处理前备份"。

2.5 期末处理

期末会计业务是指会计人员将本月所发生的日常经济业务全部登记入账后，在每个会计期末都需要完成的一些特定的会计工作，主要包括：期末转账业务、试算平衡、对账以及结账等。由于各会计期间的许多期末业务均具有较强的规律性，因此由计算机来处理期末会计业务，不但可以规范会计业务的处理还可以大大提高处理期末业务的工作效率。

2.5.1 定义转账凭证

转账凭证的定义提供了自定义转账凭证、对应结转、结转销售成本及结转期间损益等。

1. 自定义转账设置

由于各个企业的情况不同，必然会造成对各类成本费用的分摊结转方式不同。在电算化方式下，为了实现各个企业不同时期期末会计业务处理的通用性，用户可以自行定义自动转账凭证以完成每个会计期末的固定会计业务的自动转账。自定义转账凭证功能可以完成对各种费用的分配、分摊、计提、税金的计算及期间损益转账凭证的设置等。

1) 输入转账目录条件

例 2-48 定义按月摊销长期待摊费用的自动转账分录格式。108 账套每月按期初"1801 长期待摊费用"10%的比例摊销计入"5101 制造费用"。

操作步骤

(1) 在"用友会计信息化教学专用软件"窗口中，选择"总账"|"期末"|"转账定义"|"自定义结转"命令，打开"自动转账设置"对话框，如图 2-115 所示。

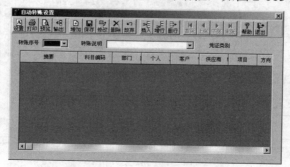

图 2-115 "自动转账设置"对话框

(2) 单击"增加"按钮，打开"转账目录"对话框，如图 2-116 所示。

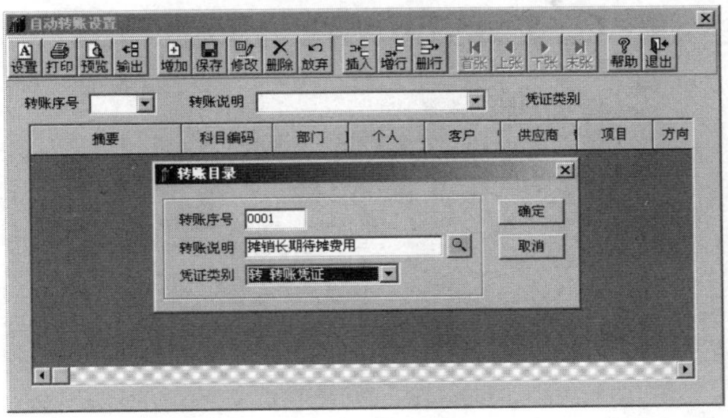

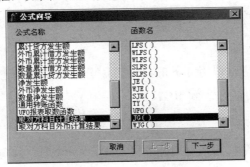

图 2-116　"转账目录"对话框

(3) 输入转账序号"0001"、转账说明"摊销长期待摊费用"，选择"凭证类别"下拉列表框中的"转 转账凭证"选项。

提示

● 转账序号是指自定义转账凭证的代号，转账序号不是凭证号，可以任意定义，但只能输入数字和字母并且不能重号。

● 转账凭证号在执行自动转账时由系统生成，一张转账凭证对应一个转账序号。

2) 定义借方转账分录信息

例 2-49　摊销长期待摊费用业务的自动转账分录的借方信息为：科目"5101"、金额公式"JG( )"即结果函数。

操作步骤

(1) 在"转账目录"对话框中，单击"确定"按钮，返回到"自动转账设置"对话框。

(2) 输入科目编码"5101"，双击"金额公式"栏，出现参照按钮，单击参照按钮，打开"公式向导"对话框，如图 2-117 所示。

图 2-117　选择"取对方科目计算结果"函数

(3) 选择公式名称"取对方科目计算结果"或函数名"JG( )"。

(4) 单击"下一步"按钮，选择科目，如图 2-118 所示。

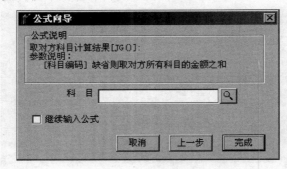

图 2-118　科目缺省

(5) 单击"完成"按钮，返回"自动转账设置"对话框。如图 2-119 所示。

图 2-119　显示已输入的借方转账分录信息

提示

- 转账科目可以为非末级科目，部门可为空，表示所有部门。
- JG()函数定义时，如果科目缺省，则取对方所有科目的金额之和。
- 如果公式的表达式明确，可直接输入公式。

3) 定义贷方转账分录信息

例 2-50　摊销长期待摊费用业务的自动转账分录的贷方信息为：科目"1801"、金额公式"1801 科目的期初借方余额 10%"。

操作步骤

(1) 单击"增行"按钮，输入科目编码"1801"，单击"方向"后的下三角按钮，选择"贷"选项，双击"金额公式"栏，出现参照按钮，单击按钮打开"公式向导"对话框，如图 2-120 所示。

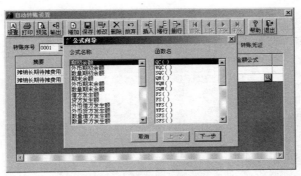

图 2-120   选择"期初余额"函数

(2) 选择公式名称"期初余额"或函数名"QC( )"。

(3) 单击"下一步"按钮。

(4) 输入或单击参照按钮选择科目"1801",确定期间为"月"、方向为"借"。

(5) 选中"继续输入公式"复选框,再选择"乘"单选按钮,如图 2-121 所示。

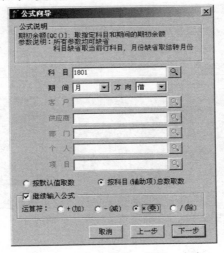

图 2-121   指定科目、期间、方向

(6) 单击"下一步"按钮,选择公式名称为"常数"。系统显示如图 2-122 所示。

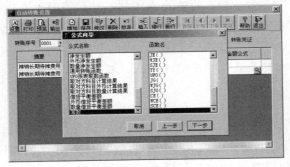

图 2-122   选择常数

(7) 单击"下一步"按钮，系统显示如图 2-123 所示。

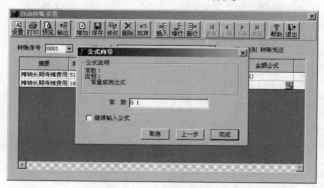

图 2-123　输入常数

(8) 输入常数为"0.1"，单击"完成"按钮，返回"自动转账设置"对话框，如图 2-124 所示。

图 2-124　全部自定义转账凭证的内容

(9) 单击"保存"按钮，保存。

提示

- 输入公式时，如果公式的表达式不太明确，可采用向导方式输入金额公式。
- 在函数公式中，选择期初、期末时，方向一般为空，应避免由于出现反向余额时发生取数错误。
- 可以直接在"金额公式"栏中输入公式、运算符号及常数。

2. 对应结转设置

对应结转可以进行两个科目一对一的结转，也可以进行科目的一对多结转。对应结转的科目可以是上级科目，但必须要与其下级科目的科目结构一致(相同明细科目)。

例 2-51　定义"制造费用 5101"结转至"生产成本 5001"，系数为"1"。

操作步骤

(1) 在"用友会计信息化教学专用软件"窗口中，选择"期末"|"转账定义"|"对应结转"命令，打开"对应结转设置"对话框。

(2) 输入编号"0001"，选择"凭证类别"下拉列表框中的"转 转账凭证"选项，输入摘要"结转制造费用"。

(3) 直接输入或单击参照按钮，选择转出科目编码"5101"，如图 2-125 所示。

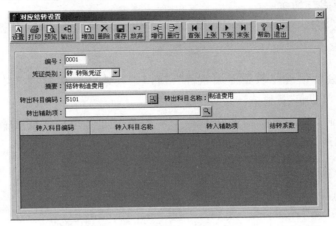

图 2-125　"对应结转设置"对话框

(4) 单击"增行"按钮，输入转入科目编码"5001"、结转系数"1"，如图 2-126 所示。

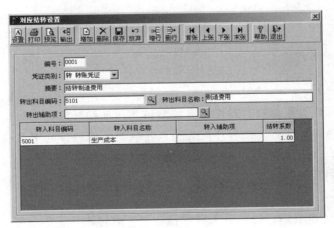

图 2-126　"对应结转设置"对话框

(5) 单击"保存"按钮。

提示

● 对应结转只结转期末余额。

● 一张凭证可定义多行，转出科目及辅助项必须一致，而转入科目及辅助项可以不同。

- 如果同一凭证的转入科目有多个，并且结转系数之和为 1，则最后一笔结转金额为转出科目余额减当前凭证已转出的余额。

3. 期间损益设置

本功能用于在一个会计期间终了将损益类科目的余额结转到本年利润科目中，从而及时反映企业利润的盈亏情况。

例 2-52 定义将期间损益结转至"4103 本年利润"的结转期间损益的转账凭证。

操作步骤

(1) 在"用友会计信息化教学专用软件"窗口中，选择"期末"|"转账定义"|"期间损益"命令，打开"期间损益结转设置"对话框。

(2) 选择"凭证类别"下拉列表框中的"转 转账凭证"选项，直接输入或单击参照按钮，选择本年利润科目"4103"，如图 2-127 所示。

图 2-127 "期间损益结转设置"对话框

(3) 单击"确定"按钮。

提示

- 如果损益科目与本年利润科目都有辅助核算，则辅助账类型必须相同。
- 本年利润科目必须为末级科目，且为本年利润入账科目的下级科目。

2.5.2 生成转账凭证

在完成转账凭证定义后，每月月末只需执行"生成转账凭证"功能即可快速生成转账凭证，在此生成的转账凭证将自动追加到未记账凭证中。由于转账是按照已记账凭证的数据进行计算的，所以在进行月末转账工作之前，必须先将所有未记账凭证进行记账，否则，将影响生成的转账凭证数据的正确性。

例 2-53 生成摊销长期待摊费用的自定义转账凭证。

操作步骤

(1) 在"用友会计信息化教学专用软件"窗口中，选择"总账"|"期末"|"转账生成"命令，打开"转账生成"对话框。

(2) 选择"结转月份"下拉列表框中的"2011.01"选项。

(3) 选择"自定义转账"单选按钮。

(4) 双击"是否结转"栏，或单击"全选"按钮，如图 2-128 所示。

图 2-128 "转账生成"对话框

(5) 单击"确定"按钮，系统显示生成的转账凭证。

(6) 单击"保存"按钮，如图 2-129 所示。

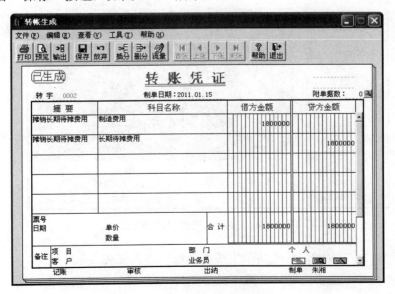

图 2-129 显示生成的转账凭证

(7) 系统自动将当前凭证追加到未记账凭证中。将操作员更换为"LFKJ"，审核该凭证并记账。

提示

- 转账生成之前，提示转账月份为当前会计月份。
- 进行转账生成之前，请将相关经济业务的记账凭证登记入账。否则，必须在录入查询条件时选择"包含未记账凭证"才能查询到完整的数据资料。
- 若凭证类别、制单日期和附单据数与实际情况有出入，可直接在当前凭证上进行修改，然后再保存。
- 转账凭证每月只生成一次。
- 生成的转账凭证，仍需审核才能记账。
- 在生成凭证时必须提示业务发生的先后次序，否则计算金额时就会发生差错。

例 2-54 生成制造费用转入生产成本的对应结转的转账凭证。

操作步骤

(1) 在"用友会计信息化教学专用软件"窗口中，选择"总账"|"期末"|"转账生成"命令，打开"转账生成"对话框。

(2) 选择"结转月份"下拉列表框中的"2011.01"选项。

(3) 选择"对应结转"单选按钮。

(4) 双击"是否结转"栏，或单击"全选"按钮，如图 2-130 所示。

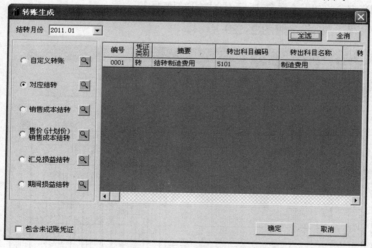

图 2-130 显示已设置的转账凭证

(5) 单击"确定"按钮，系统显示生成的转账凭证，如图 2-131 所示。

(6) 单击"文件"重新注册，将操作员更换为"LFKJ"。将已生成的结转制造费用的凭证审核并记账。

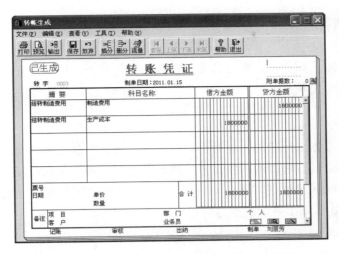

图 2-131　自动生成的制造费用转入生产成本的凭证

例 2-55　结转 1 月份期间损益的转账凭证。

操作步骤

(1) 在"用友会计信息化教学专用软件"窗口中，选择"总账"|"期末"|"转账生成"
命令，打开"转账生成"对话框。

(2) 选择"结转月份"下拉列表框中的"2011.01"选项。

(3) 选择"期间损益结转"单选按钮。

(4) 单击"全选"按钮。

(5) 单击"确定"按钮，系统显示生成的转账凭证，如图 2-132 所示。

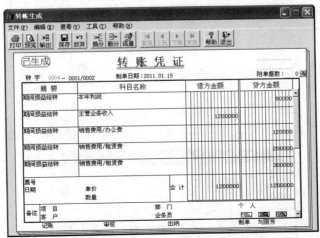

图 2-132　自动生成的期间损益结转的凭证

(6) 单击"文件"重新注册，将操作员更换为"LFKJ 刘丽芳"。将已生成的结转期
间损益的凭证审核并记账。

2.5.3 月末结账

在会计期末，除了对收入、费用类账户余额进行结转外，还要进行对账和结账，并在结账之前进行试算平衡检查。

1. 对账

对账是对账簿数据进行核对，以检查记账是否正确、账面是否平衡。它主要是通过核对总账与明细账、总账与辅助账的数据来完成账账核对。为了保证账证、账账相符，应经常使用"对账"功能进行对账，至少一个月一次，一般可在月末结账前进行。

例 2-56 将 2011 年 1 月份的业务进行对账。

操作步骤

(1) 在"用友会计信息化教学专用软件"窗口中，选择"总账"|"期末"|"对账"命令，打开"对账"对话框，如图 2-133 所示。

月份	对账日期	对账结果	是否结账	是否对账
2011.01				
2011.02				
2011.03				
2011.04				
2011.05				
2011.06				
2011.07				
2011.08				
2011.09				
2011.10				
2011.11				
2011.12				

选择核对内容：
- ☑ 总账与明细账
- ☑ 总账与部门账
- ☑ 总账与客户往来账
- ☑ 总账与供应商往来账
- ☑ 总账与个人往来账
- ☑ 总账与项目账

图 2-133 "对账"对话框

(2) 将光标定在要进行对账的月份，如"2011.01"，单击"选择"按钮或双击"是否对账"栏。

(3) 单击"对账"按钮，开始自动对账，并显示对账结果。

(4) 单击"试算"按钮，可以对各科目类别余额进行试算平衡，如图 2-134 所示。

2011.01试算平衡表

资产 =	借 2,542,500.00	负债 =	贷 1,579,700.00
共同 =	平	权益 =	贷 980,800.00
成本 =	借 18,000.00	损益 =	平
合计 =	借 2,560,500.00	合计 =	贷 2,560,500.00

试算结果平衡

打印   确认

图 2-134 试算平衡表

(5) 单击"确认"按钮返回，再单击"退出"按钮，完成对账工作。

提示

在对账功能中，可以按 Ctrl+H 组合键激活恢复记账前的功能。备份结账前的备份。

2．结账

结账指每月月末计算和结转各账簿的本期发生额和期末余额，并终止本期账务处理工作的过程。结账只能每月进行一次，要正确地完成结账工作，则必须按照系统对结账工作的要求来进行。

例 2-57　将 2011 年 1 月的业务进行结账处理。

操作步骤

(1) 在"用友会计信息化教学专用软件"窗口中，选择"总账"|"期末"|"结账"命令，或直接单击桌面上的月末结账图标，打开"结账—开始结账"对话框，如图 2-135 所示。

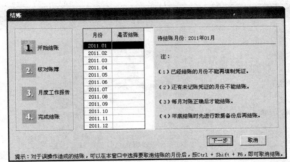

图 2-135　开始结账

(2) 单击要结账月份"2011.01"。

(3) 单击"下一步"按钮，打开"结账—核对账簿"对话框，

(4) 单击"对账"按钮，系统对要结账的月份进行账账核对，如图 2-136 所示。

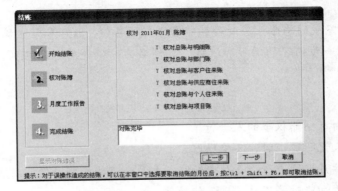

图 2-136　显示对账结果

(5) 单击"下一步"按钮，打开"结账—月度工作报告"对话框，如图 2-137 所示。

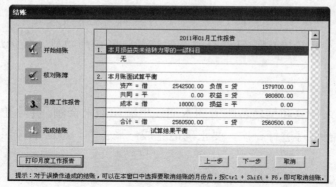

图 2-137　月度工作报告

(6) 若需打印，则单击"打印月度工作报告"按钮。

(7) 查看工作报告，单击"下一步"按钮，打开"结账—完成结账"对话框，如图 2-138 所示。

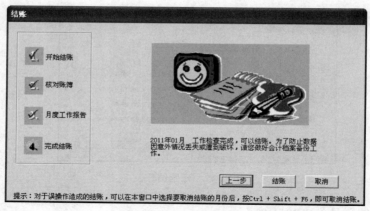

图 2-138　完成结账

(8) 单击"结账"按钮，就可以进行结账。现在单击"取消"按钮暂时不进行结账的操作。

注：此时已将完成的总账业务处理的账套进行了备份，教师和学生均可以引入光盘中的账套进行下一步内容的学习和演练。文件名为"例题用账套/(2)已完成总账业务处理的账套备份"。

提示

- 结账只能由有结账权限的人进行。
- 本月还有未记账凭证时，不能结账。
- 结账必须按月连续进行，上月未结账，本月也不能结账，但可以填制和审核凭证。
- 若总账与明细账对账不符，则不能结账。
- 如果与其他系统联合使用，其他子系统未全部结账，本系统不能结账。

- 已结账月份不能再填制凭证。
- 结账前，要进行数据备份。在结账的过程中，可以单击【取消】按钮取消正在进行的结账操作。
- 取消结账功能键为：Ctrl+Shift+F6。

复习思考题

(1) 如果在建立账套时将是否对"供应商"或"客户"进行分类设置错误，怎么办？

(2) 总账系统初始化主要包括哪些内容？

(3) 指定会计科目的作用有哪些？

(4) 什么是凭证的"无痕迹"及"有痕迹"修改？

(5) 如果企业按"短期借款"期初余额的 0.58%计提贷款利息，应如何设置自动转账分录？

(6) 已审核的记账凭证应如何修改？

(7) 如果在录入期初余额时发现会计科目错误应该怎么办？

上机实验

请参照第 8 章相应实验。

(1) 实验一：系统管理

(2) 实验二：基础设置

(3) 实验三：总账系统初始化

(4) 实验四：总账系统日常业务处理

(5) 实验六：总账期末业务处理

(6) 实验七：账簿管理

第 3 章

现金管理

教学目的与要求

系统地学习查询日记账、资金日报表的方法以及银行对账的方法。

掌握：查询日记账、资金日报表的方法以及银行对账的方法。

了解：支票登记簿的作用和登记方法。

企业所发生的包括现金和银行存款在内的所有的经济业务，经过制单、审核、记账操作之后，就形成了正式的会计账簿。为了能够及时地了解账簿中的数据资料，满足账簿数据的统计分析及打印的需要，系统提供了强大的查询功能，包括基本会计核算账簿、各种辅助核算账簿及现金和银行存款日记账的查询和输出。在现金管理系统中可以方便地实现对日记账及资金日报表的查询，并进行银行对账。

3.1 查询日记账

日记账查询主要包括查询现金日记账、银行存款日记账及资金日报表。

3.1.1 查询银行存款日记账

日记账是指现金和银行存款日记账。在日常业务处理过程中，通过记账功能就能直接完成日记账的记账操作。日记账的作用只是用于查询和输出现金和银行存款的账务资料。现金日记账及银行存款日记账的查询功能，既可以查询某一天的现金或银行存款日记账，也可以查询某一个月份的现金及银行存款日记账。

在系统中如果要查询现金及银行存款日记账，除了要在"会计科目"设置中将"现金"和"银行存款"科目设置为"日记"账外，还必须在"指定科目"功能中将"现金"科目指定为"现金总账科目"、将"银行存款"科目指定为"银行总账科目"，否则将不能完成查询现金及银行存款日记账的操作。

例 3-1 由 CWZG(朱湘 口令为 123456)查询 2011 年 1 月的银行存款日记账。

操作步骤

(1) 在"用友会计信息化教学专用软件"窗口中，选择"现金"|"现金管理"|"日记账"|"银行日记账"命令，打开"银行日记账查询条件"对话框，如图 3-1 所示。

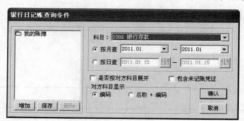

图 3-1 输入银行日记账查询条件

(2) 选择"科目"下拉列表框中的"1002 银行存款"选项。

(3) 查询方式系统默认为按月查询，选择月份为"2011.01—2011.01"。

(4) 如果需要查看"包含未记账凭证"的日记账，可选中"包含未记账凭证"复选框。

(5) 单击"确认"按钮，进入"银行日记账"窗口，如图 3-2 所示。

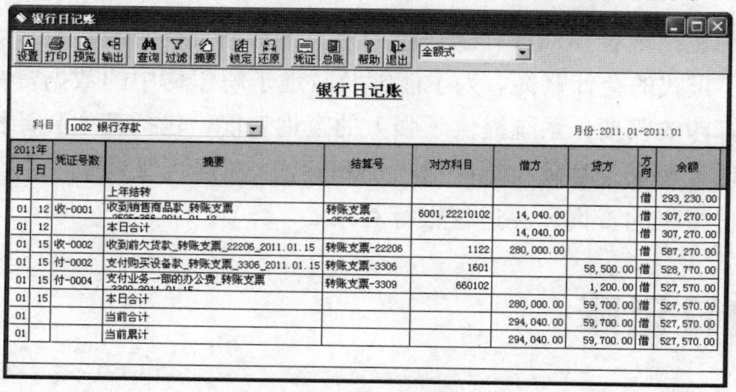

图 3-2 "银行日记账"窗口

注意

- 在"银行日记账"中，如果本月尚未结账，将显示"当前合计"、"当前累计"；如果本月已经结账，则显示"本月合计"、"本年累计"。
- 查询日记账时还可以双击某行或单击"凭证"按钮，查看相应的凭证，单击"总账"按钮可以查看此科目的三栏式总账。
- 现金日记账与银行存款日记账的查询操作基本相同。

3.1.2　资金日报表

资金日报表是反映某日现金、银行存款发生额及余额情况的报表，在企业财务管理中占据重要位置。在手工方式下，资金日报表由出纳员逐日填写，用来反映当天营业终了时现金、银行存款的收支情况及余额。电算化方式下，资金日报表功能主要用于查询、输出或打印资金日报表，提供当日借、贷金额合计和余额，以及发生的业务量等信息。

例 3-2　查询 2011 年 1 月 15 日的资金日报表。

操作步骤

(1) 在"用友会计信息化教学专用软件"窗口中，选择"现金"|"现金管理"|"日记账"|"资金日报"命令，打开"资金日报表查询条件"对话框，如图 3-3 所示。

图 3-3　查询资金日报表

(2) 单击日期按钮，将日期选择为"2011-01-15"(或直接输入日期"2011-01-15")。
(3) 单击"确认"按钮，进入"资金日报表"窗口，如图 3-4 所示。

科目编码	科目名称	币种	今日共借	今日共贷	方向	今日余额	借方笔数	贷方笔数
1001	库存现金			11,000.00	借	9,000.00		2
1002	银行存款		280,000.00	59,700.00	借	527,570.00	1	2

图 3-4　"资金日报表"窗口

注意

在"资金日报表"窗口中，单击"日报"按钮可查询并打印光标所在行科目的日报单，单击"昨日"按钮可查看现金、银行科目的昨日余额。

3.1.3　支票登记簿

为了加强企业的支票管理，出纳人员通常要建立"支票登记簿"，以便详细登记支票的领用人、领用日期、支票用途及是否报销等情况。

只有在现金管理系统中设置结算方式时选择了"票据管理"功能，并且在总账的"选项"中选择了"支票控制"选项才能使用"支票登记簿"功能登记支票的核销情况。

操作步骤

(1) 在"用友会计信息化教学专用软件"窗口中，选择"现金"|"票据管理"|"支票登记簿"命令，打开"银行科目选择"对话框。

(2) 单击"科目"下拉列表框的下三角按钮，选择"银行存款 1002"。

(3) 单击"确定"按钮，打开"支票登记"对话框。

(4) 单击"增加"按钮，依次输入"领用日期"、"领用部门"及"领用人"等信息。

注意

● 领用日期和支票号必须输入，其他内容可以不输入。

● 报销日期不能在领用日期之前。

● 已报销的支票可以成批删除。

3.2　银行对账

银行对账是货币资金管理的主要内容，是企业出纳员的最基本工作之一。为了能够准确掌握银行存款的实际金额，了解实际可以动用的货币资金数额，防止记账发生差错，企业必须定期将银行存款日记账与银行出具的对账单进行核对，并编制银行存款余额调节表。在计算机中，总账系统要求银行对账的科目是在科目设置时定义为"银行账"辅助账类的科目。银行对账一般通过以下几个步骤来完成：录入银行对账期初金额、录入银行对账单、银行对账、编制余额调节表和核销已达账项。

系统提供了两种对账方式：自动对账和手工对账。自动对账，即由计算机进行银行对账，是计算机根据对账依据将银行日记账未达账项与银行对账单进行自动核对和勾销。

手工对账是对自动对账的补充。采用自动对账后，可能还有一些特殊的已达账项尚未勾对出来而被视作未达账项。为了彻底保证银行账能够准确，可以通过手工对账进行调整勾销。

3.2.1　录入银行对账期初数据

第一次使用银行对账功能前，系统要求录入日记账、对账单的期初余额及未达账项；

在开始使用银行对账之后则由系统自动生成下一个月份的期初余额及未达账项,不再需要手工输入。

例 3-3　由 CHKJ(陈惠　口令为 123456)进行银行对账。银行对账的启用日期为:2011年 1 月 1 日。单位日记账最后一次银行对账期末余额为 293 230,没有未达账项;银行对账单中最后一次银行对账期末余额为 286 966 元,企业已收但银行未收的未达账项为 2 300元和 18 242 元,企业已付但银行未付的未达账项为 14 278 元。

操作步骤

(1) 由系统管理员"admin"已经在"系统管理"|"权限"|"权限"功能中设置了"CHKJ"拥有 108 账套"现金管理"的操作权限。

(2) 在"用友会计信息化教学专用软件"窗口中,选择"现金"|"设置"|"银行期初录入"命令,打开"银行科目选择"对话框,如图 3-5 所示。

图 3-5　选择银行科目

(3) 选择"科目"下拉列表框中的"银行存款 1002"选项。

(4) 单击"确定"按钮,打开"银行对账期初"对话框,如图 3-6 所示。

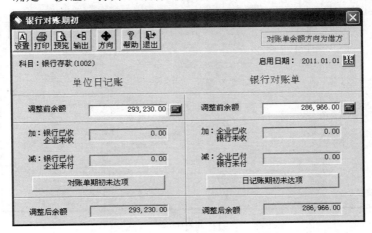

图 3-6　"银行对账期初"对话框

(5) 单击日期按钮,确定启用日期为"2011 年 1 月 1 日"。

(6) 在"单位日记账"中的"调整前余额"栏中输入"293 230";在"银行对账单"的"调整前余额"栏中输入"286 966"。

(7) 单击"日记账期初未达项"按钮,打开"企业方期初"对话框,如图 3-7 所示。

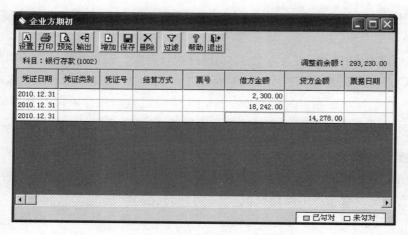

图 3-7 "企业方期初"对话框

(8) 单击"增加"按钮，选择日期为"2010.12.31"，输入借方金额为"2 300"；再单击"增加"按钮，选择日期为"2010.12.31"，输入借方金额"18 242"；再单击"增加"按钮，选择日期为"2010.12.31"，输入贷方金额"14 278"。

(9) 单击"保存"按钮，保存已录入的数据。

(10) 单击"退出"按钮，返回"银行对账期初"对话框，系统显示调整前余额、未达账项及调整后余额，如图 3-8 所示。

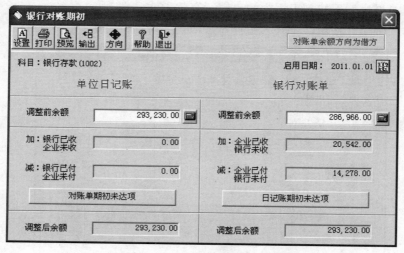

图 3-8 "银行对账期初"对话框

(11) 单击"退出"按钮。

注意

在录入单位日记账、银行对账单期初未达账项后，请不要随意调整启用日期，尤其是向前调，这样可能会造成启用日期后的期初数不能再参与对账。

3.2.2 录入银行对账单

要实现计算机自动进行银行对账，则在每月月末对账前，必须将银行开出的银行对账单输入计算机，存入"对账单文件"。

例 3-4 银行发来一张对账单，如表 3-1 所示。

表 3-1 银行对账单

日　　期	摘　　要	借　　方	贷　　方	方　　向	余　　额
2011 年 1 月 1 日	余额			借	286 966
2011 年 1 月 12 日	收款	14 040		借	301 006
2011 年 1 月 15 日	收款	280 000		借	581 006
2011 年 1 月 15 日	付款		58 500	借	522 506
2011 年 1 月 15 日	付款		120 000	借	402 506
2011 年 1 月 30 日	收款	10 000		借	412 506
2011 年 1 月 31 日	付款		2 000	借	410 506

操作步骤

(1) 在"用友会计信息化教学专用软件"窗口中，选择"现金"|"现金管理"|"银行账"|"银行对账单"命令，打开"银行科目选择"对话框。

(2) 选择"科目"下拉列表框中的"银行存款 1002"选项。

(3) 单击"确定"按钮，进入"银行对账单"窗口，如图 3-9 所示。

图 3-9 "银行对账单"窗口

(4) 单击"增加"按钮，输入日期为"2011 年 1 月 12 日"、借方金额为"14 040"。

(5) 单击"增加"按钮，继续输入对账单上的其他数据资料。

(6) 单击"保存"按钮，再单击"退出"按钮。

注意

● 输入每笔经济业务的金额后，单击 Enter 键，系统自动计算出该日的银行存款余额。

● 若企业在多家银行开户，则对账单应与其对应账号所对应的银行存款下的末级科目一致。

3.2.3　对账

银行对账采用自动对账与手工对账相结合的方式。自动对账是计算机根据对账依据自动进行核对和勾销，对账依据由用户根据需要选择。

1. 自动对账

例 3-5　以最大条件对 1 月份的银行存款业务进行银行对账。

操作步骤

(1) 在"用友会计信息化教学专用软件"窗口中，选择"现金"|"现金管理"|"银行账"|"银行对账"命令，打开"银行科目选择"对话框。

(2) 选择"科目"下拉列表框中的"银行存款 1002"选项，默认系统选项为"显示已达账"。

(3) 单击"确定"按钮，进入"银行对账"窗口，如图 3-10 所示。

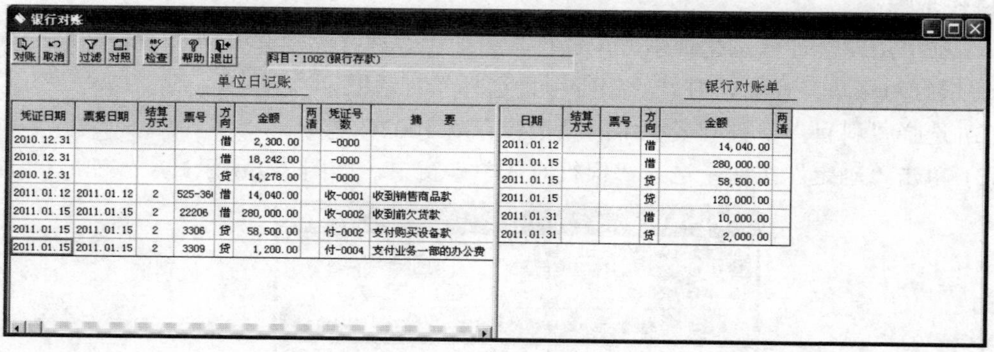

![银行对账窗口]

图 3-10　"银行对账"窗口

(4) 单击"对账"按钮，打开"自动对账"对话框，如图 3-11 所示。

图 3-11　选择对账条件

(5) 单击日期按钮，选择截止日期为"2011.01.31"。

(6) 取消选中"日期相差 12 天之内"、"结算方式相同"、"结算票号相同"复选框，即取消这三个对账条件的限制，以最大条件来进行银行对账。

(7) 单击"确定"按钮，系统进行自动对账，并显示自动对账结果，如图 3-12 所示。

图 3-12 显示自动对账结果

注意

- 对账条件中的方向、金额相同是必选条件。
- 对账截止日期可输可不输。
- 对于已达账项，系统自动在银行存款日记账和银行对账单双方的"两清"栏打上圆圈标志，其所在行背景色变为绿色。

2. 手工对账

由于系统中的银行未达账项是通过凭证处理自动形成的，期间有人工录入过程，可能存在有关项目内容输入不规范或不全面的情况，从而造成无法实现全面自动对账，此时可以采用系统提供的手工对账功能。

例 3-6 对银行对账业务进行平衡检查。

操作步骤

(1) 在"银行对账"窗口的单位日记账中单击要进行勾对的记录所在行。

(2) 单击"对照"按钮，系统显示出金额和方向同单位日记账中当前记录相似的银行对账单，双击左右两侧的对应分录，手工对账两清的记录上便标上了"√"标志，如果在对账单中有两笔以上记录同日记账对应，则所有对应的对账单中的记录都应有两清标志。

(3) 单击"检查"按钮，系统打开"对账平衡检查"对话框，如图 3-13 所示。

图 3-13 "对账平衡检查"对话框

(4) 如果显示不平衡，则单击"确认"按钮返回，仍须继续通过手工对账功能进行调整，直至平衡为止。

3.2.4　编制余额调节表

对账完成后，系统自动整理汇总未达账项和已达账项，生成银行存款余额调节表。

例 3-7　编制 2011 年 1 月的银行存款余额调节表。

操作步骤

(1) 在"用友会计信息化教学专用软件"窗口中，选择"现金"|"现金管理"|"银行账"|"余额调节表查询"命令，打开"银行存款余额调节表"窗口，如图 3-14 所示。

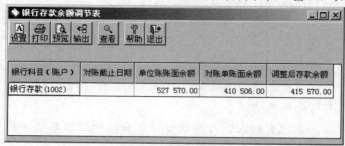

图 3-14　"银行存款余额调节表"窗口

(2) 单击"查看"按钮，可查看详细的银行存款余额调节表，如图 3-15 所示。

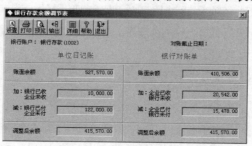

图 3-15　查看银行存款余额调节表

(3) 单击"退出"按钮。

注意

该表为截止到对账截止日期的余额调节表，若无对账截止日期，则为最新余额调节表。

3.2.5　核销已达账

在总账系统中，用于银行对账的银行日记账和银行对账单的数据是会计核算和财务管理的辅助数据。正确对账后，已达账项数据无保留价值，因此，通过上述对账的结果和对账明细情况的查询，确信对账准确后，可以通过核销已达账功能来核销对账的银行日记账和银行对账单的已达账项。

1. 查询银行勾对情况

在进行核销已达账之前应先查询单位日记账及银行对账单的对账结果，用户在检查无误后，可核销已达账项，核销后的单位日记账及银行对账单的数据将不再参与以后的银行存款勾对。

例 3-8　查询银行对账的勾对情况。

操作步骤

(1) 在"用友会计信息化教学专用软件"窗口中，选择"现金"|"现金管理"|"银行账"|"查询对账勾对情况"命令，打开"银行科目选择"对话框。

(2) 选择"科目"下拉列表框中的"银行存款 1002"选项，选择"全部显示"单选按钮。

(3) 单击"确定"按钮，进入"查询银行勾对情况"窗口，打开"银行对账单"，如图 3-16 所示。

日期	结算方式	票号	借方金额	贷方金额	两清标志
2011.01.12			14040.00		○
2011.01.15			280000.00		○
2011.01.15				58500.00	○
2011.01.15				120000.00	
2011.01.31			10000.00		
2011.01.31				2000.00	
合计			304,040.00	180,500.00	

图 3-16　"银行对账单"勾对情况

(4) 单击"退出"按钮，返回"总账系统"窗口。

2. 核销银行账

核销用于对账的银行日记账和银行对账单的已达账项，核销后已达账项消失，不能被恢复。如果银行对账不平衡，则不能使用核销银行账的功能。

核销银行账不影响银行日记账的查询和打印。

例 3-9　核销已完成对账的银行账。

操作步骤

(1) 在"用友会计信息化教学专用软件"窗口中，选择"现金"|"现金管理"|"银行

账"|"核销银行账"命令，打开"核销银行账"对话框，如图 3-17 所示。

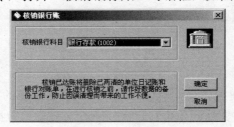

图 3-17 "核销银行账"对话框

(2) 选择"核销银行科目"下拉列表框中的"银行存款 1002"选项。

(3) 单击"确定"按钮，系统弹出"您是否确实要进行银行账核销？"的提示对话框，如图 3-18 所示。

图 3-18 "核销银行账"的提示

(4) 单击"否(N)"按钮，再单击"取消"按钮，暂不核销银行账。

注：此时已将完成的现金管理业务处理的账套进行了备份，教师和学生均可以引入光盘中的账套进行下一步内容的学习和演练。文件名为"例题用账套/(3)已完成现金管理的账套备份"。

复习思考题

(1) 查询日记账的前提条件有哪些？

(2) 应如何完成银行对账？

上机实验

请参照第 8 章相应用实验。

实验五：出纳管理

第 **4** 章

往来管理

教学目的与要求

系统地学习往来账查询的方法以及往来账管理中往来两清的处理方法。

掌握： 往来账查询的一般方法，往来两清的处理方法。

了解： 往来催款单的作用和往来账龄分析的一般方法。

由于赊销(赊购)或其他方面的原因，形成了企业往来款项，这些往来款项如果不能及时有效地进行管理，就会使企业的经营活动受到一定的影响，因此加强往来款项管理是一项不容忽视的工作。往来管理系统可以分别对客户及供应商进行账表查询和往来清理的操作。

4.1 基础设置

往来管理的基础设置主要包括对往来单位进行分类及档案的设置。包括对地区、客户及供应商进行分类，设置客户及供应商档案，从而对客户及供应商进行分类统计和汇总等管理，对往来单位进行详细核算和管理。

对往来单位的分类和档案的设置既可以在往来管理系统中进行，也可以在总账系统中进行。108账套已经在总账系统中对客户进行了分类，并且分别设置了客户和供应商档案，可以在往来管理系统中查看和使用，也可以就不满意的内容进行修改。

注意

● 对客户和供应商是否进行分类取决于建立账套时对分类信息的设置。如果在建立账套时选择了不对客户或供应商进行分类，则在系统中就不能对客户或供应商进行分类，否则可以进行分类。

● 如果不对客户及供应商进行分类，则客户及供应商档案可以直接设置，否则应在设置客户及供应商分类后再设置他们的档案。

4.2　往来账查询

往来账主要涉及客户及供应商往来余额表及明细账。往来余额表及明细账又分为客户及供应商的"科目余额表"、"科目明细账"；"客户余额表"、"客户明细账"；"供应商余额表"、"供应商明细账"；"客户三栏余额表"、"客户三栏明细账"及"供应商三栏余额表"、"供应商三栏明细账"等。

4.2.1　往来余额表

通过对往来余额表的查询，可以分别了解每个客户及供应商往来科目的期初余额、本期发生额及期末余额，从而了解各个往来单位往来账款的余额情况。

例 4-1　查询 2011 年 1 月"客户余额表"中"申优公司"的应收账款余额。

操作步骤

(1) 在"用友会计信息化教学专用软件"窗口中，选择"往来"|"账簿"|"客户余额表"|"客户余额表"命令，打开"客户余额表"对话框，如图 4-1 所示。

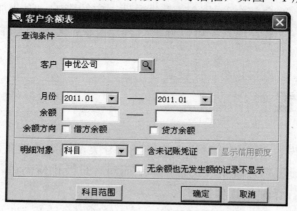

图 4-1　"客户余额表"对话框

(2) 在"客户"栏中直接输入或单击参照按钮选择客户"申优公司"。

(3) 单击"确定"按钮，打开申优公司的"客户余额表"窗口，如图 4-2 所示。

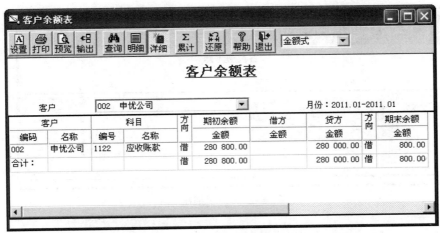

图 4-2   "客户科目余额表"窗口

注意

依此方法还可以查询如"供应商科目余额表"等余额表的情况。

4.2.2   往来明细账

通过对往来明细账的查询,可以分别了解每个客户及供应商往来科目的详细情况,从而了解各个往来单位往来账款的实际情况

例 4-2   查询申优公司的客户往来明细账。

操作步骤

(1) 在"用友会计信息化教学专用软件"窗口中,选择"往来"|"账簿"|"客户往来明细账"|"客户明细账"命令,打开"客户明细账"对话框,如图 4-3 所示。

图 4-3   "客户明细账"查询条件对话框

(2) 在"客户"栏中直接输入或单击参照按钮选择客户"申优公司"。

(3) 单击"确定"按钮,打开申优公司的"客户明细账"窗口,如图 4-4 所示。

图 4-4 客户明细账

注意
依此方法还可以查询如"供应商明细账"等明细账的情况。

4.3 往来账管理

4.3.1 往来两清

对已达的往来账应该及时做往来账两清工作,以便及时了解往来账的真实情况。往来两清的处理方式分为计算机自动勾对和手工强制勾对两种。

1. 自动勾对

计算机自动将所有已结清的往来业务打上"标记"。两清依据包括按部门两清、按项目两清和按票号两清。

- **按部门两清**。对于同一科目下部门相同、借贷方向相反、金额一致的两笔分录进行自动勾对。
- **按项目两清**。适用于同一科目的同一往来户下,辅助核算项目相同的往来款项多笔借方(贷方)合计相等的情况。
- **按票号两清**。对于同一科目下相同票号、借贷方向相反、金额一致的两笔分录进行自动勾对。

2. 手工勾对

在无法自动勾对时,通过手工勾对方式将往来业务人为地打上勾对标记,是自动勾对的补充。

例 4-3 对申优公司的往来账进行两清处理。

操作步骤

(1) 在"用友会计信息化教学专用软件"窗口中,选择"往来"|"账簿"|"往来管理"|"客户往来两清"命令,打开"客户往来两清"条件对话框,如图4-5所示。

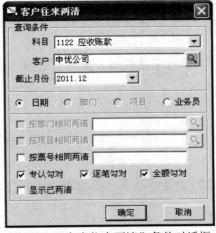

图4-5　"客户往来两清"条件对话框

(2) 单击"客户"栏中的参照按钮,选择"申优公司"。

(3) 单击"确定"按钮,打开"客户往来两清"窗口,如图4-6所示。

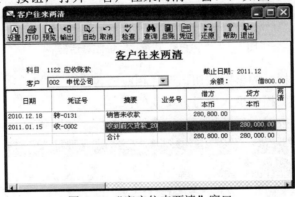

图4-6　"客户往来两清"窗口

(4) 如果符合两清的条件,则应分别单击"两清"栏,并打上"Y"标记。此题中并未收回全部欠款,所以此时还不能进行两清处理。

注意

● 往来款业务的记账凭证应在总账中进行填制,在往来管理系统中可以进行往来账的查询及往来两清的处理。

● 在进行往来账查询和往来两清处理时均可以联查到往来款的总账和记账凭证。

● 一般应在记账完成后或期末查询、打印往来账前进行往来两清处理工作。

● 已进行往来勾对的业务将不显示在往来两清窗口中。

4.3.2 往来催款单

在手工方式下，企业会定期对客户往来账进行清理，然后为每一个往来客户发送一张对账单(催款单)，以便了解和检查付款情况。"客户往来催款单"功能可以显示客户欠款情况，用于打印客户催款单，及时清理客户借款。

例 4-4 向申优公司发出客户往来催款单。函证信息为：由于我公司业务需要，请贵公司尽快偿还尚欠我公司的货款。

操作步骤

(1) 在"用友会计信息化教学专用软件"窗口中，选择"往来"|"账簿"|"往来管理"|"客户往来催款单"命令，打开"客户往来催款"条件对话框，如图 4-7 所示。

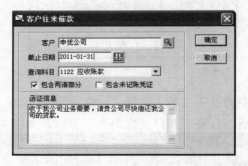

图 4-7 "客户往来催款"条件对话框

(2) 单击"客户"栏中的参照按钮，选择相应的客户。

(3) 在"函证信息"栏中录入向对方催款的信息。

(4) 单击"确定"按钮，打开"客户往来催款单"，如图 4-8 所示。

图 4-8 客户往来催款单

注意
客户往来催款单可以进行打印或另存为其他的文件格式。

4.3.3　往来账龄分析

应收账款的账龄分析是往来管理的重要内容之一。"账龄"是指某一往来业务从发生之日到分析之日的时间期限。通过账龄分析表对应收账款拖欠时间进行整理归类和分析，了解企业管理人员收款工作的效率，以便正确确定今后的销售策略，并能根据各种应收账款过期的时间和历史资料，估计坏账损失。

通过账龄分析，系统将输出应收账款科目下所指定的、各个账龄期间内各往来客户应收账款的分布情况，计算出各种账龄应收账款占总应收账款的比例，用以帮助管理人员了解分析应收账款的资金占用情况，便于及时通过"客户往来催款单"催要货款，也可以通过调整客户的信用额度控制客户延期付款的情况。

例 4-5　2011 年 1 月 31 日，对申优公司进行账龄分析。

操作步骤

(1) 在"用友会计信息化教学专用软件"窗口中，选择"往来"|"账簿"|"往来管理"|"客户往来账龄分析"命令，打开"客户往来账龄"条件对话框，如图 4-9 所示。

图 4-9　"客户往来账龄"条件对话框

(2) 单击"客户"栏中的参照按钮，选择"申优公司"选项。

(3) 单击"确定"按钮，打开"往来账龄分析"窗口，如图 4-10 所示。

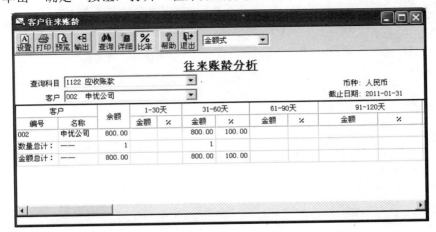

图 4-10　往来账龄分析窗口

注意

- 系统定义了 6 个账龄区间段，并提供各账龄区间段的客户数量，及该区间段金额占总额的百分比。
- 单击"详细"按钮可以查询各客户账龄的详细情况。
- 单击"比率"按钮可以查询各客户各账龄区间段的金额占总额的百分比。

复习思考题

(1) 在"客户明细账"中是否可以联查到总账和相应的记账凭证？

(2) 如何查询"供应商往来余额表"？

(3) 如何进行"往来账龄分析"？

第 5 章

薪 资 管 理

┤教学目的与要求├

系统的学习工资管理系统的初始化、日常业务处理、期末业务处理以及统计分析的工作程序和实际操作方法。

掌握： 工资账套的建立；工资类别、人员类别、工资项目的设置方法；工资数据编辑及计算汇总；个人所得税的计算、扣缴及工资分配转账凭证生成的方法。

了解： 工资管理子系统的数据流程、主要数据文件和基本编辑的作用与特点。

薪资管理是每一个单位财会部门最基本的业务之一，不仅关系到每个职工的切身利益，也是影响产品成本的重要因素。手工进行工资核算，需要占用财会人员大量的精力和时间，并且容易出错，因此采用计算机进行工资核算可以有效地提高工资核算的准确性和及时性。

使用计算机进行工资核算之前，需要进行工资系统的初始设置，用以建立工资系统的应用环境。在进行初始设置之前，应进行必要的数据准备，如规划企业职工的编码规则、进行人员类别的划分、整理好设置的工资项目及核算方法，并准备好部门档案、人员档案、基本工资数据等基本信息。

提示

- 在启动工资系统前应先在系统管理中设置相应的账套。
- 在启动工资系统前应已建立账套，或在建立账套后已经启用了 108 账套的"工资"系统。
- 进入工资系统的日期必须大于等于工资系统的启用日期。

5.1 工资系统初始化

5.1.1 设置工资账套参数

1. 启用工资系统

由于在建立 108 账套后尚未启用工资系统，所以，此时不能对工资系统进行任何操作，应在启用系统后对工资系统进行系统初始化及日常业务处理等操作。

例 5-1 由 108 账套的主管"CWZG 朱湘"(密码：123456)启用"工资"系统，启用日期为 2011 年 1 月 1 日。

操作步骤

(1) 选择"开始"|"程序"|"用友T3系列管理软件"|"用友T3"|"系统管理"命令，或者直接单击桌面上的"系统管理"图标 📷。打开"用友会计信息化教学专用软件〖系统管理〗"窗口。

(2) 在"系统管理"窗口中，选择"系统"|"注册"命令，打开"注册〖控制台〗"对话框。在"用户名"栏录入"CWZG"，如图 5-1 所示。

图 5-1 以账套主管的身份登录系统管理

(3) 单击"确定"按钮，打开系统管理窗口。

(4) 选择"账套"|"启用"命令，打开"系统启用"对话框。

(5) 选中"工资管理"复选框，在弹出来的"日历"对话框中，选择"2011 年 1 月 1 日"，如图 5-2 所示。

图 5-2　启用工资管理系统

(6) 单击"确定"按钮。

提示

如果 108 账套已对 1 月份的总账进行了月末结账处理，那么若要将工资系统的启用月份定为 1 月份，则应先对总账系统进行取消结账处理，否则，工资系统等只能在总账结账月份之后可能启用。(取消结账的方法是在"总账"|"期末"|"结账"功能中，选中已结账月份后，按 Ctrl+Shift+F6 键，并输入账套主管的口令，按提示操作即可)。

2. 设置工资系统参数

初次进入工资系统后应根据企业的实际情况建立相应的工资账套。工资账套的建立分为四个步骤，即参数设置、扣税设置、扣零设置及人员编码设置。

例 5-2　由 CWZG 建立工资账套的参数。将工资账套的参数设置为只有一个工资类别；扣税设置为"从工资中代扣个人所得税"；不进行扣零设置；工资账套的启用日期为"2011 年 1 月 1 日"，人员编码长度为"5"位。

操作步骤

(1) 以 CWZG 注册进入"用友会计信息化教学专用软件"。

(2) 在"用友会计信息化教学专用软件"窗口中，选择"工资"命令，打开"建立工资套—参数设置"对话框，如图 5-3 所示。

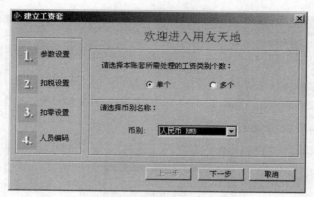

图 5-3　设置工资类别个数

(3) 选择"单个"单选按钮，然后单击"下一步"按钮。打开"建立工资套—扣税设置"对话框，选择"是否从工资中代扣个人所得税"复选框，如图 5-4 所示。

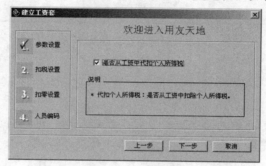

图 5-4　设置是否从工资中代扣个人所得税

(4) 单击"下一步"按钮。打开"建立工资套—扣零设置"对话框，如图 5-5 所示。

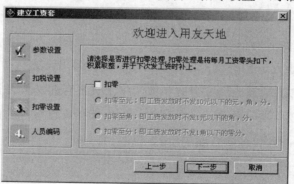

图 5-5　设置扣零

(5) 单击"下一步"按钮。打开"建立工资套—人员编码"对话框，将"人员编码长度"修改为"5"，将"本账套的启用日期"修改为"2011-01-01"，如图 5-6 所示。

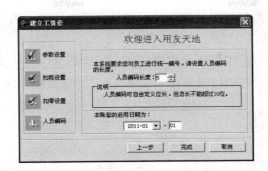

图 5-6　设置人员编码长度

（6）单击"完成"按钮。系统提示"是否以 2011-01-01 为当前工资类别的启用日期？"，如图 5-7 所示。

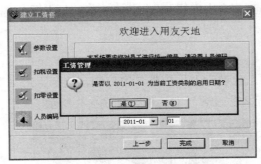

图 5-7　确认工资系统启用日期的提示

（7）单击"是"按钮。

- 工资账套与企业账套概念不同。企业核算账套是在系统管理中建立，是针对整个用友 T3—用友会计信息化教学专用软件系统而言的；而工资账套只针对于用友 T3—用友会计信息化教学专用软件系统中的工资系统，即工资账套是企业核算账套的一个组成部分。
- 如果企业中所有员工的工资发放项目与工资计算方法都相同，那么可以对全部员工进行统一的工资核算方案，对应地选择系统提供的单工资类别应用方案。
- 如果企业存在下列情况之一，则需要选择系统提供的多工资类别应用方案。首先，企业存在不同类别的人员，他们的工资发放项目不同、计算公式也不相同，但需要进行统一的工资核算管理。如企业需要分别对在职人员、退休人员等进行工资核算等情况。其次，企业每月进行多次工资发放，月末需要进行统一核算。再次，企业在不同地区设有分支机构，而工资核算由总部统一管理或工资发放使用多种货币。
- 扣税设置即选择在工资计算中是否由单位代扣个人所得税。
- 扣零设置通常在发放现金工资时使用，如果单位采用银行代发工资则很少采用此设置。

- 人员编码即单位人员编码长度。可以根据需要自由定义人员编码长度，但总长度不能超过 10 位字符。
- 单工资类别情况下，工资账套建立完成后不需要建立工资类别；多工资类别情况下，工资账套建立完成后需要在"工资类别"功能中建立工资类别。

5.1.2 设置银行名称

当企业采用银行代发形式发放工资时，需要确定银行名称及账号长度。发放工资的银行可以按需设置多个，这里的银行名称设置是指所有工资类别涉及到的银行名称。如果同一工资类别中的人员由于在不同的工作地点，需由不同的银行代发工资，或者不同的工资类别由不同的银行代发，均需将相应的银行名称在此一并设置。

例 5-3 设置银行名称为"工商银行"。账号长度为 11 位，录入时自动带出的账号长度为 8 位。

操作步骤

(1) 在"用友会计信息化教学专用软件"窗口中，选择"工资"|"设置"|"银行名称设置"命令，打开"银行名称设置"对话框，如图 5-8 所示。

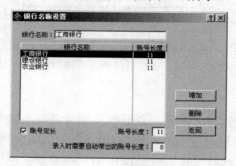

图 5-8 设置银行名称

(2) 选中"银行名称"栏中的"工商银行"选项，在"录入时需要自动带出的账号长度"栏中录入"8"。

(3) 单击"返回"按钮。

提示

- 银行账号长度不得为空，且不能超过 30 位。
- 录入时需要自动带出的账号长度是指在录入"人员档案"的银行账号时，从第二个人开始，系统将根据用户在此定义的长度自动带出银行账号的相应长度，可以有效提高录入的速度。
- 如果删除银行名称则同银行名称有关的所有设置将一同删除，包括银行的代发文件格式设置、磁盘输出格式的设置等。

5.1.3　设置人员类别

人员类别是指按某种特定的分类方式将企业职工分成若干类，不同类别的人员工资水平可能不同，从而有助于实现工资的多级管理。人员类别的设置还与工资费用的分配、分摊有关，合理设置便于按人员类别进行工资的汇总计算，为企业提供不同人员类别的工资信息。

例 5-4　设置本企业的人员类别为"管理人员"、"市场营销人员"和"开发人员"。

操作步骤

(1) 在"用友会计信息化教学专用软件"窗口中，选择"工资"|"设置"|"人员类别设置"命令，打开"类别设置"对话框，如图 5-9 所示。

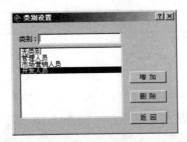

图 5-9　设置人员类别

(2) 单击"增加"按钮，在"类别"栏中录入"管理人员"，然后单击"增加"按钮，录入"市场营销人员"及"开发人员"，最后单击"增加"按钮。

(3) 单击"返回"按钮。

提示

● 人员类别名称可以随时修改。已经使用的人员类别不允许删除。

● 人员类别只剩下一个时不允许删除。

● 人员类别设置的目的是为"工资分摊"设置入账科目时使用。

5.1.4　设置工资项目

工资数据最终由各个工资项目体现。工资项目设置即定义工资核算所涉及的项目名称、类型和长度等。工资管理系统中提供了一些固定的工资项目，它们是工资账中不可缺少的内容，主要包括"应发合计"、"扣款合计"和"实发合计"。若在工资建账时设置了"扣零处理"，则系统在工资项目中自动生成"本月扣零"和"上月扣零"两个指定名称的项目。若选择了"扣税处理"，则系统在工资项目中自动生成"代扣税"项目，这些项目不能删除和重命名。其他项目可以根据实际需要进行定义或参照增加，如：基本工资和奖金等。在此设置的工资项目对于多工资类别的工资账套而言，是针对所有工资类别所需要使用的全部工资项目；对于单工资类别而言，就是此工资账套所使用的全部工资项目。

例5-5 设置如表5-1所示的本企业的工资项目。

表5-1 本企业的工资项目

工资项目名称	类 型	长 度	小 数	增 减 项
基本工资	数字	8	2	增项
岗位工资	数字	8	2	增项
通讯补贴	数字	8	2	增项
交通补贴	数字	8	2	增项
奖金	数字	8	2	增项
缺勤扣款	数字	8	2	减项
缺勤天数	数字	8	1	其他

操作步骤

(1) 在"用友会计信息化教学专用软件"窗口中，选择"工资"|"设置"|"工资项目设置"命令，打开"工资项目设置"对话框，如图5-10所示。

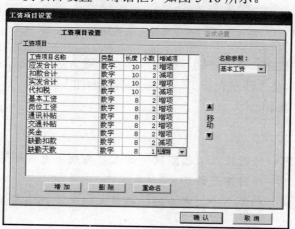

图5-10 设置工资项目

(2) 单击"增加"按钮，录入工资项目名称为"基本工资"，或单击"名称参照"下拉列表框的下三角按钮，选择"基本工资"选项。单击"基本工资"所在行"类型"栏后的下三角按钮，选择"数字"选项，选择长度为"8"，选择小数位为"2"，选择增减项为"增项"。依此方法继续增加其他的工资项目。

(3) 单击"移动"上下三角按钮，将每个工资项目移动到合适的位置，如图5-11所示。

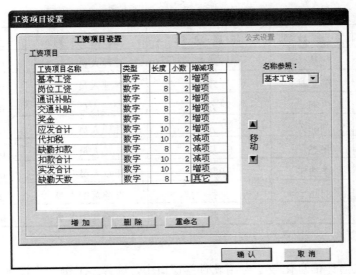

图 5-11   调整工资项目的位置

(4) 单击"确认"按钮。

提示

- 与选择的工资账套参数无关，系统均提供"应发合计"、"扣款合计"、"实发合计"几项固定的工资项目。
- 如果建账时选择了"代扣个人所得税"选项，则系统提供"代扣税"项目。
- 如果建账时选择了"扣零"处理，则系统提供"本月扣零"和"上月扣零"两个工资项目。
- 工资项目名称必须唯一。
- 已使用的工资项目不可删除，也不能修改其数据类型。
- 系统提供的固定工资项目不能修改。

5.1.5   建立人员档案

1. 增加人员档案

设置人员档案用于登记工资发放人员的姓名、职工编号、所在部门以及人员类别等信息，此外人员的增减变动都必须先在本功能中处理。在单工资类别情况下，可以直接进入"人员档案"功能中设置人员信息；在多工资类别下，人员档案的操作是针对于某个工资类别的，即应先打开相应的工资类别才能进行人员档案的设置。

例 5-6   在"在职人员"工资类别下设置如表 5-2 所示的人员档案。

表 5-2　人 员 档 案

职 员 编 号	人 员 姓 名	所 属 部 门	人 员 类 别	银行代发账号
01081	江涛	行政部	管理人员	00110011001
01082	陈小林	行政部	管理人员	00110011002
01083	朱湘	财务部	管理人员	00110011003
01084	刘丽芳	财务部	管理人员	00110011004
01085	张杰	开发部	开发人员	00110011005
01086	李浩东	开发部	开发人员	00110011006
01087	刘晶	业务一部	市场营销人员	00110011007
01087	王娜	业务二部	市场营销人员	00110011008

操作步骤

(1) 在"用友会计信息化教学专用软件"窗口中，选择"工资"|"设置"|"人员档案"命令，打开"人员档案"窗口，如图 5-12 所示。

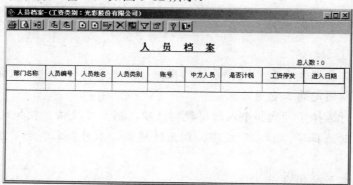

图 5-12　"人员档案"窗口

(2) 在"人员档案"窗口中，单击 图标(批量从职员档案中引入人员)，打开"人员批量增加"对话框。

(3) 分别选中"行政部"、"财务部"、"开发部"、"业务部"、"业务一部"和"业务二部"选项，如图 5-13 所示。

图 5-13　设置人员档案

(4) 单击"确定"按钮，如图 5-14 所示。

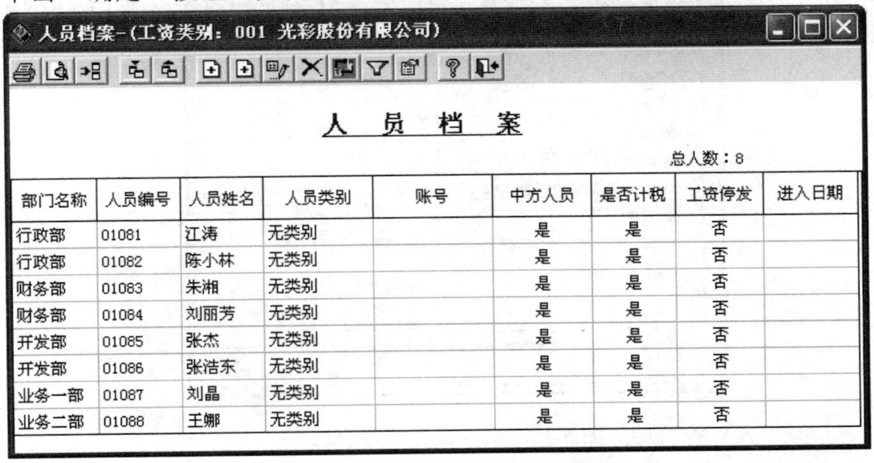

图 5-14　全部人员档案

提示

- 由于在进行银行名称设置时已经设置了"录入时需要自动带出的账号长度"，因此，在录入第 1 个人员档案后，其他的人员档案中的银行账号则会自动带出相应账号的位数。
- 在增加人员档案对话框中的"停发工资"、"调出"和"数据档案"选项不可选，只有在修改状态下才能进行编辑。

2. 修改人员档案

人员档案在修改的状态下可以进行"停发工资"、"调出"和"数据档案"的编辑。已做调出标志的人员，所有档案信息不可修改，其编号下个月可以再次使用。调出人员可在当月末处理前，取消调出标志。有工资停发标志的人员不再对其发放工资，但保留人员档案，以后可恢复发放。标志为停发或调出人员，将不再参与工资的发放和汇总。如果在人员档案中直接输入职工工资，可以单击"数据档案"按钮进入"工资数据录入—页编辑"对话框，在其中进行工资数据的录入 。

例 5-7　继续上例的操作，录入所有人员的银行代发信息。

(1) 选中人员姓名为"江涛"的所在行，单击"人员信息修改"图标，打开"人员档案"对话框。

(2) 单击"人员类别"下拉列表框的下三角按钮，选择"管理人员"选项；单击"银行名称"下拉列表框的下三角按钮,选择"工商银行"选项；录入银行账号为"00110011001"，如图 5-15 所示。

图 5-15　录入银行代发信息

(3) 单击"确认"按钮。系统提示"写入该人员档案信息吗？"，如图 5-16 所示。

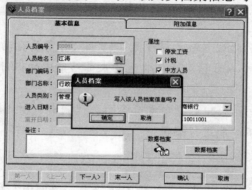

图 5-16　录入银行代发信息时的提示

(4) 单击"确定"按钮。继续录入(修改)其他人员的人员类别和银行代发信息。已设置的职员档案如图 5-17 所示。

人 员 档 案

总人数：8

部门名称	人员编号	人员姓名	人员类别	账号	中方人员	是否计税	工资停发	进入日期
行政部	01081	江涛	管理人员	00110011001	是	是	否	
行政部	01082	陈小林	管理人员	00110011002	是	是	否	
财务部	01083	朱湘	管理人员	00110011003	是	是	否	
财务部	01084	刘丽芳	管理人员	00110011004	是	是	否	
开发部	01085	张杰	开发人员	00110011005	是	是	否	
开发部	01086	张洁东	开发人员	00110011006	是	是	否	
业务一部	01087	刘晶	市场营销人员	00110011007	是	是	否	
业务二部	01088	王娜	市场营销人员	00110011008	是	是	否	

图 5-17　已设置的职员档案

3. 数据替换

当需要修改个别人员的档案时，可以在人员档案修改窗口中进行修改。当在一批人员中有某个档案信息需要同时修改时，可以利用数据替换功能，将符合条件人员的某个档案的信息内容，统一替换为其他信息，以提高人员信息的修改速度。

5.1.6 设置计算公式

设置计算公式即定义工资项目之间的运算关系，计算公式设置的正确与否关系到工资核算的最终结果。定义公式可以通过选择工资项目、运算符、关系符以及函数等组合完成。

例 5-8 设置"缺勤扣款"的计算公式，即"缺勤扣款=基本工资/22*缺勤天数"。

操作步骤

(1) 在工资系统中，选择"工资"|"设置"|"工资项目设置"命令，打开"工资项目设置"对话框。

(2) 单击"公式设置"选项卡，如图 5-18 所示。

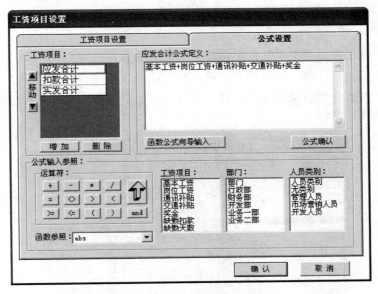

图 5-18 设置缺勤扣款的计算公式

(3) 单击左上方"工资项目"栏的"增加"按钮，再单击工资项目栏后下三角按钮，选择"缺勤扣款"选项，在"缺勤扣款公式定义"栏中录入"基本工资/22*缺勤天数"。

(4) 单击"公式确认"按钮，如图 5-19 所示。

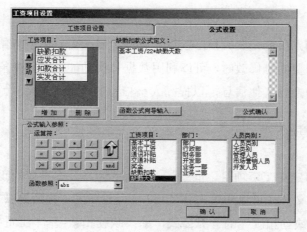

图 5-19 设置缺勤扣款的计算公式

(5) 单击"确认"按钮。

例 5-9 设置"交通补贴"的计算公式,即"交通补贴=iff(人员类别='市场营销人员',200,60)"。该公式表示人员类别中市场营销人员的交通补贴为 200 元,其他类别人员的交通补贴是 60 元。

操作步骤

(1) 在"工资项目设置"对话框中,单击"公式设置"选项卡。

(2) 单击"增加"按钮,再单击"工资项目"栏后下三角按钮,选择"交通补贴"。

(3) 单击"函数公式向导输入"按钮,打开"函数向导—步骤 1"对话框,如图 5-20 所示。

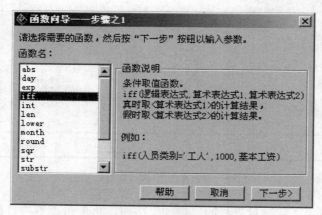

图 5-20 设置交通补贴的计算公式的函数

(4) 选择 iff 选项,单击"下一步"按钮,打开"函数向导—步骤 2"对话框,如图 5-21 所示。

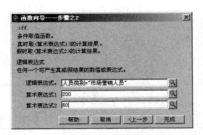

图 5-21　设置交通补贴的计算公式的表达式

(5) 录入逻辑表达式：人员类别=“市场营销人员”，在“算术表达式 1”中录入 “200”，在“算术表达式 2”中录入“60”。

(6) 单击“完成”按钮，如图 5-22 所示。

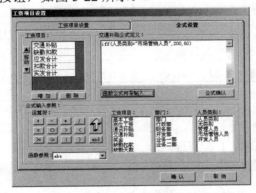

图 5-22　设置完成交通补贴的计算公式

(7) 单击“公式确认”按钮，再单击“确认”按钮。

注：此时已将完成的工资管理系统初始化的账套进行了备份，教师和学生均可以引入光盘中的账套进行下一步内容的学习和演练。文件名为“例题用账套/(2)已完成工资系统初始化的账套备份”。

提示

● 函数公式向导只支持系统提供的函数。

● 备份：已完成系统初始化。

5.2 　日常业务

5.2.1 　工资变动

第一次使用工资系统必须将所有人员的基本工资数据录入计算机，每月发生的工资数据变动也在此进行调整，如奖金、扣款信息的录入等。工资变动处理之前，需要事先设置好工资项目及计算公式。

例 5-10 2011 年 1 月有关的工资数据如表 5-3 所示。

表 5-3 工 资 数 据

职员编号	人员姓名	所属部门	人员类别	基本工资	岗位工资	通讯补贴	交通补贴	奖金	缺勤天数
01081	江涛	行政部	管理人员	6 000	1 500	200		2 000	
01082	陈小林	行政部	管理人员	5 000	500	200		1 500	
01083	朱湘	财务部	管理人员	5 000	1 200	200		1 300	
01084	刘丽芳	财务部	管理人员	3 200	500	100		960	
01085	张杰	开发部	开发人员	5 500	1 100	100		1 650	2
01086	李浩东	开发部	开发人员	4 000	600	100		1 200	
01087	刘晶	业务一部	市场营销人员	3 000	600	200		5 000	
01087	王娜	业务二部	市场营销人员	3 200	600	200		4 000	

操作步骤

(1) 选择“工资”|“业务处理”|“工资变动”命令，打开“工资变动”窗口。

(2) 在窗口中，分别录入工资项目内容，如图 5-23 所示。

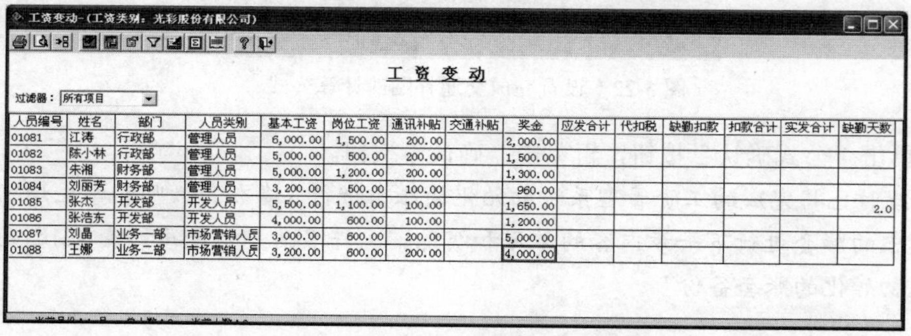

人员编号	姓名	部门	人员类别	基本工资	岗位工资	通讯补贴	交通补贴	奖金	应发合计	代扣税	缺勤扣款	扣款合计	实发合计	缺勤天数
01081	江涛	行政部	管理人员	6,000.00	1,500.00	200.00		2,000.00						
01082	陈小林	行政部	管理人员	5,000.00	500.00	200.00		1,500.00						
01083	朱湘	财务部	管理人员	5,000.00	1,200.00	200.00		1,300.00						
01084	刘丽芳	财务部	管理人员	3,200.00	500.00	100.00		960.00						
01085	张杰	开发部	开发人员	5,500.00	1,100.00	100.00		1,650.00						2.0
01086	张浩东	开发部	开发人员	4,000.00	600.00	100.00		1,200.00						
01087	刘晶	业务一部	市场营销人员	3,000.00	600.00	200.00		5,000.00						
01088	王娜	业务二部	市场营销人员	3,200.00	600.00	200.00		4,000.00						

图 5-23 录入工资项目内容

(3) 单击计算按钮，计算全部工资项目内容，如图 5-24 所示。

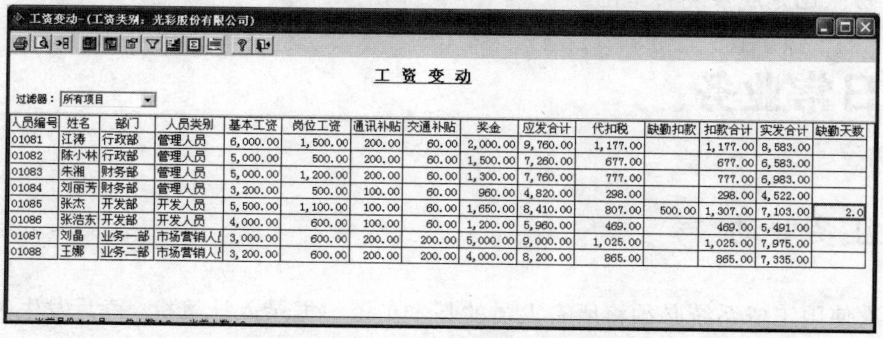

人员编号	姓名	部门	人员类别	基本工资	岗位工资	通讯补贴	交通补贴	奖金	应发合计	代扣税	缺勤扣款	扣款合计	实发合计	缺勤天数
01081	江涛	行政部	管理人员	6,000.00	1,500.00	200.00	60.00	2,000.00	9,760.00	1,177.00		1,177.00	8,583.00	
01082	陈小林	行政部	管理人员	5,000.00	500.00	200.00	60.00	1,500.00	7,260.00	677.00		677.00	6,583.00	
01083	朱湘	财务部	管理人员	5,000.00	1,200.00	200.00	60.00	1,300.00	7,760.00	777.00		777.00	6,983.00	
01084	刘丽芳	财务部	管理人员	3,200.00	500.00	100.00	60.00	960.00	4,820.00	298.00		298.00	4,522.00	
01085	张杰	开发部	开发人员	5,500.00	1,100.00	100.00	60.00	1,650.00	8,410.00	807.00	500.00	1,307.00	7,103.00	2.0
01086	张浩东	开发部	开发人员	4,000.00	600.00	100.00	60.00	1,200.00	5,960.00	469.00		469.00	5,491.00	
01087	刘晶	业务一部	市场营销人员	3,000.00	600.00	200.00	200.00	5,000.00	9,000.00	1,025.00		1,025.00	7,975.00	
01088	王娜	业务二部	市场营销人员	3,200.00	600.00	200.00	200.00	4,000.00	8,200.00	865.00		865.00	7,335.00	

图 5-24 计算后的工资项目内容

(4) 单击退出按钮 。系统提示"数据发生变动后尚未进行汇总，是否进行汇总？"如图 5-25 所示。

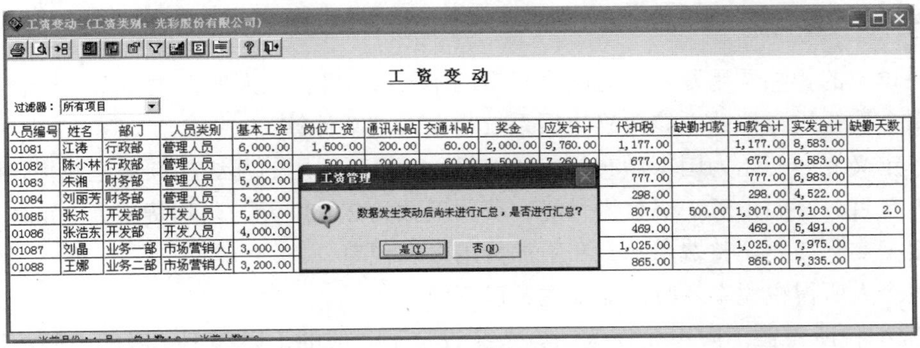

图 5-25　退出工资变动时的提示

(5) 单击"是"按钮。

提示

● 第一次使用工资系统必须将所有人员的基本工资数据录入。工资数据可以在录入人员档案时直接录入，需要计算的内容在此功能中进行计算。也可以在工资变动功能中录入。当工资数据发生变动时也应在此录入。

● 如果工资数据变化较大可以使用替换功能进行替换。

● 在修改了某些数据、重新设置了计算公式、进行了数据替换或在个人所得税中执行了自动扣税等操作时，必须调用"计算"和"汇总"功能对个人工资数据进行重新计算，以保证数据正确。

● 如果对工资数据只进行了"计算"操作，而未进行"汇总"操作，则退出时系统提示"数据发生变动后尚未进行汇总，是否进行汇总？"如果需要汇总则单击"是"，否则，单击"否"即可。

5.2.2　扣缴所得税

个人所得税是根据《中华人民共和国个人所得税法》对个人所得征收的一种税。手工情况下，每个月末财务部门都要对超过扣除基数金额的部分进行计算纳税申报，系统只提供对工资薪金所得征收所得税的功能。

鉴于许多企事业单位计算职工个人所得税的工作量较大，因此系统中提供了个人所得税自动计算功能，用户只需要定义所得税率并设置扣税基数就可以由系统自动计算个人所得税，既减轻了用户的工作负担，又提高了工作效率。

1. 选择申报表栏目

"个人所得税申报表"是个人纳税情况的记录，系统提供对表中栏目的设置功能。默认以"实发工资"作为扣税基数。如果想以其他工资项目作为扣税标准,则需要在定义工资项目时单独为应税所得设置一个工资项目。

2. 税率表定义

如果单位的扣除费用及税率与国家规定的不一致,可在个人所得税扣缴申报表界面单击"税率"按钮进行修改,修改确定后系统将自动重新计算。

税率定义界面初始为国家颁布的工资、薪金所得所适用的九级超额累进税率,税率为百分之五至百分之四十五,级数为九级,费用基数为 2 000 元,附加费用为 2 800 元。用户可以根据实际需要调整费用基数和附加费用以及税率。

修改个人所得税税率表时,需要注意以下问题。

- 应纳税所得额下限不允许改动。系统设定下一级的下限与上一级的上限相同。当调整上级的上限时,该级的下限也随之改动。
- 当增加新一级的上限即等于其下限加一,用户可根据需要调整新增级次的上限。
- 系统税率表初始界面的速算扣除数由系统给定,用户可以自行修改。当用户增加新的级次时,则该级的速算扣除数由用户自行输入。
- 在删除税率的级次时,一定要注意不能跨级删除,必须从末级开始删除。税率表只剩一级时不允许删除。

3. 个人所得税计算

当税率定义确认后,系统将根据用户的设置自动计算并生成新的个人所得税申报表。如果用户修改了"税率表",则用户在退出个人所得税功能后,需要到工资变动功能中执行重新计算功能,否则系统将保留用户修改个人所得税前的数据状态。

例 5-11 2011 年 1 月,108 账套中应扣除 2 000 元的费用基数后计算个人所得税。试计算应缴个人所得税并重新计算工资。

操作步骤

(1) 选择"工资"|"业务处理"|"扣缴所得税"命令,或直接单击"扣缴个人所得税"。打开"栏目选择"对话框,如图 5-26 所示。

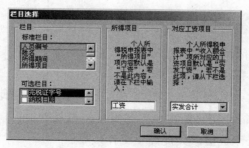

图 5-26   "栏目选择"对话框

(2) 单击"确认"按钮。打开"个人所得税申报表"窗口,如图 5-27 所示。

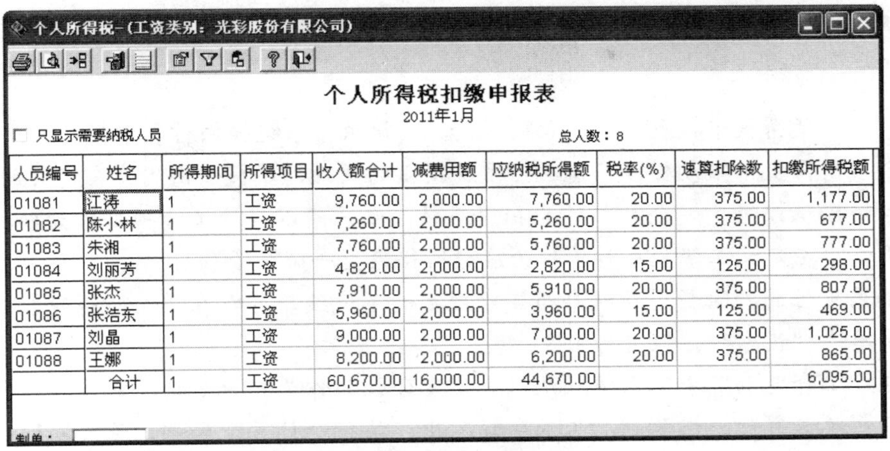

个人所得税-(工资类别：光彩股份有限公司)

个人所得税扣缴申报表

2011年1月

只显示需要纳税人员　　　　总人数：8

人员编号	姓名	所得期间	所得项目	收入额合计	减费用额	应纳税所得额	税率(%)	速算扣除数	扣缴所得税额
01081	江涛	1	工资	9,760.00	2,000.00	7,760.00	20.00	375.00	1,177.00
01082	陈小林	1	工资	7,260.00	2,000.00	5,260.00	20.00	375.00	677.00
01083	朱湘	1	工资	7,760.00	2,000.00	5,760.00	20.00	375.00	777.00
01084	刘丽芳	1	工资	4,820.00	2,000.00	2,820.00	15.00	125.00	298.00
01085	张杰	1	工资	7,910.00	2,000.00	5,910.00	20.00	375.00	807.00
01086	张浩东	1	工资	5,960.00	2,000.00	3,960.00	15.00	125.00	469.00
01087	刘晶	1	工资	9,000.00	2,000.00	7,000.00	20.00	375.00	1,025.00
01088	王娜	1	工资	8,200.00	2,000.00	6,200.00	20.00	375.00	865.00
	合计	1	工资	60,670.00	16,000.00	44,670.00			6,095.00

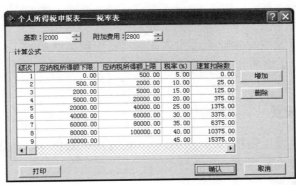

图 5-27　个人所得税扣缴申报表

(3) 单击税率表按钮，出现“个人所得税申报表—税率表”对话框。

(4) 在“个人所得税申报表—税率表”对话框中，确认费用基数为“2 000”，如图 5-28 所示。

个人所得税申报表——税率表

基数：2000　附加费用：2800

计算公式

级次	应纳税所得额下限	应纳税所得额上限	税率(%)	速算扣除数
1	0.00	500.00	5.00	0.00
2	500.00	2000.00	10.00	25.00
3	2000.00	5000.00	15.00	125.00
4	5000.00	20000.00	20.00	375.00
5	20000.00	40000.00	25.00	1375.00
6	40000.00	60000.00	30.00	3375.00
7	60000.00	80000.00	35.00	6375.00
8	80000.00	100000.00	40.00	10375.00
9	100000.00		45.00	15375.00

增加　删除　打印　确认　取消

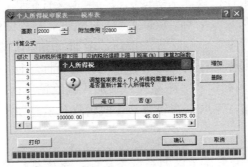

图 5-28　个人所得税税率表

(5) 单击“确认”按钮，系统提示“调整税率表后，个人所得税需重新计算。是否重新计算个人所得税？”，如图 5-29 所示。

图 5-29　调整税率时的提示

(6) 单击"是"按钮，返回"个人所得税申报表"窗口。单击退出按钮 🕩 退出。

提示

- "个人所得税申报表"是个人纳税情况的记录，系统提供对表中栏目的设置功能。
- 个人所得税申报表栏目只能选择系统提供的项目，不提供由用户自定义的项目。
- 系统默认以"实发合计"作为扣税基数。如果想以其他工资项目作为扣税标准，则需要在定义工资项目时单独为应税所得设置一个工资项目。
- 如果单位的扣除费用及税率与国家规定的不一致，可以在个人所得税扣缴申报表中单击"税率"按钮进行修改。
- 在"工资变动"中，系统默认以"实发合计"作为扣税基数，所以在执行完个人所得税计算后，需要到"工资变动"中，执行"计算"和"汇总"功能，以保证"代扣税"工资项目正确地反映出单位实际代扣个人所得税的金额。
- 个人所得税计提基数的初始设置是 2000 元，所以不需调整个人所得税的计提基数，如果需要，可以在此处进行调整。

5.2.3 银行代发

银行代发即由银行发放给企业职工个人工资。这种做法既减轻了财务部门发放工资工作的繁琐，有效地避免了财务部门到银行提取大笔款项所承担的风险，又提高了员工个人工资的保密程度。

1. 银行文件格式设置

银行代发文件格式设置是根据银行的要求，设置提供数据中所包含的项目，以及项目的数据类型、长度和取值范围等。

操作步骤

(1) 在"银行代发一览表"界面中单击"格式"按钮，进入银行文件格式设置界面，设置银行文件格式。

(2) 选择代发工资的银行模板，系统提供银行模板文件格式，若不能满足要求，可进行修改。每次修改都必须对栏目名称、数据类型、总长度、小数位数及数据来源进行设置。

(3) 可以单击"插入行"、"删除行"按钮，增加或删除代发项目。

(4) 选择银行代发数据标志行所在位置。若选择的有标志行在首行或末行输出则需设置输出内容，可利用"插入列"和"删除列"增加或删除输出内容。

(5) 单击"确认"按钮，系统保存设置，生成银行代发一览表。

提示

- 若输入的字段类型与数据来源的类型不匹配，系统将提示是否转换字段类型。若选择"是"，则系统自动将字段类型转换成与数据来源相符的格式；否则需返回到格式设置中进行修改。

- 新增栏目的数据来源，只能通过选择录入，而不能手工输入。
- 如果栏目顺序需要调整，则拖动要调整的栏目到相应的位置即可。

2．银行代发输出格式设置

根据银行的要求，设置向银行提供的数据是以何种文件形式存放在磁盘中，且在文件中各数据项目是如何存放和区分的。

在"银行代发一览表"界面中单击"文件方式设置"按钮，进入文件输出方式设置界面，设置银行代发输出格式。按银行规定在"常规"选项卡中选择存放文件类型。文件类型及其说明如下。

- TXT 文件：扩展名为 TXT 的文本文件(固定宽度的文本文件)。
- DAT 文件：在"DAT 文件类型"中，当只有"字符型补位符"选项被选中时，才允许选择"银行账号补位方向"，否则该选项处于不可用状态。
- DBF 文件：所有设置均不可修改，"银行账号补位方向"为不可用状态。

3．磁盘输出

磁盘输出是指按用户已设置好的格式和设定的文件名，将数据输出到指定的地方。在"银行代发一览表"界面中单击"磁盘传输"按钮，即可进入代发文件磁盘输出功能。

选择输出文件的存储路径并设定保存文件的名称。如输出到软盘，请插入软盘，单击"确认"按钮，即可备份代发文件。取消操作则单击"取消"按钮即可。

5.2.4 工资分摊

工资分摊是指对当月发生的工资费用进行工资总额的计算、分配及各种经费的计提，并制作自动转账凭证，传递到总账系统中。

1．设置工资分摊类型

在初次使用工资系统时，应先进行工资分摊的设置。所有与工资相关的费用及基金均需建立相应的分摊类型名称及分摊比例。

例 5-12　108 账套中工资分摊的类型为"应付职工薪酬"和"工会经费"。"应付职工薪酬"的分摊比例为 100%，按工资总额的 2%计提工会经费。应付分摊的设置内容如表5-4 和表 5-5 所示。

表 5-4　应付职工薪酬分摊设置内容

部 门 名 称	人 员 类 别	项　　　目	借 方 科 目	贷 方 科 目
行政部	管理人员	应发合计	660201	2211
财务部	管理人员	应发合计	660201	2211
开发部	开发人员	应发合计	5001	2211

(续表)

部门名称	人员类别	项目	借方科目	贷方科目
业务一部	市场营销人员	应发合计	660101	2211
业务二部	市场营销人员	应发合计	660101	2211

表 5-5 工会经费分摊设置内容

部门名称	人员类别	项目	借方科目	贷方科目
行政部	管理人员	应发合计	660202	2241
财务部	管理人员	应发合计	660202	2241
开发部	开发人员	应发合计	5001	2241
业务一部	市场营销人员	应发合计	660103	2241
业务一部	市场营销人员	应发合计	660103	2241

操作步骤

(1) 选择"工资"|"业务处理"|"工资分摊"命令，或直接单击"工资分摊"按钮，打开"工资分摊"对话框，如图 5-30 所示。

(2) 单击"工资分摊设置"按钮，打开"分摊类型设置"对话框，如图 5-31 所示。

(3) 单击"增加"按钮，打开"分摊计提比例设置"对话框。

(4) 在"计提类型名称"栏中录入"应付职工薪酬"，如图 5-32 所示。

图 5-30 "工资分摊"对话框

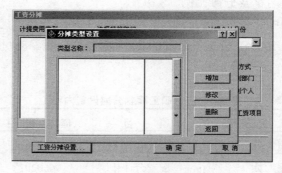

图 5-31 分摊类型设置

工资分摊
分摊类型设置
分摊计提比例设置
计提类型名称：应付职工薪酬
分摊计提比例：100%
下一步 >
取消
工资分摊设置...
确 定
取 消

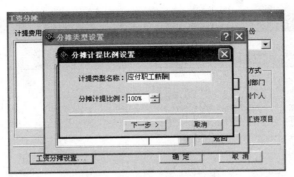

图 5-32　分摊计提比例设置

(5) 单击“下一步”按钮，打开“分摊构成设置”对话框。

(6) 在对话框中，分别选择分摊构成的各个项目内容，如图 5-33 所示。

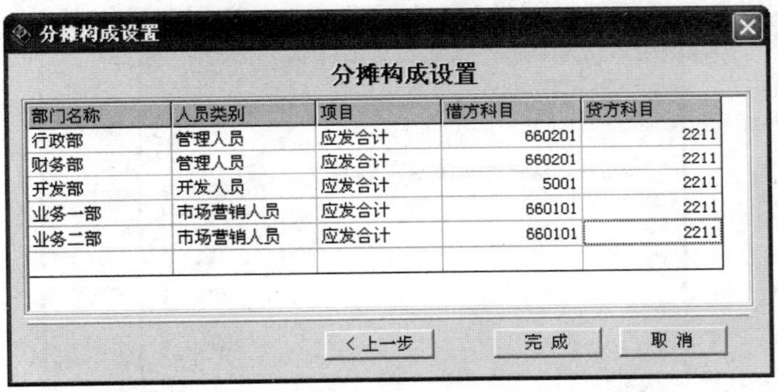

分摊构成设置
分摊构成设置
部门名称 人员类别 项目 借方科目 贷方科目
行政部 管理人员 应发合计 660201 2211
财务部 管理人员 应发合计 660201 2211
开发部 开发人员 应发合计 5001 2211
业务一部 市场营销人员 应发合计 660101 2211
业务二部 市场营销人员 应发合计 660101 2211
< 上一步
完 成
取 消

图 5-33　分摊构成设置

(7) 单击“完成”按钮，返回到“分摊类型设置”对话框。

(8) 单击“增加”按钮，在“计提类型名称”栏中录入“工会经费”，在“分摊计提比例”栏中录入“2%”，如图 5-34 所示。

工资分摊
分摊类型设置
分摊计提比例设置
计提类型名称：工会经费
分摊计提比例：2%
下一步 >
取消
工资分摊设置...
确 定
取 消

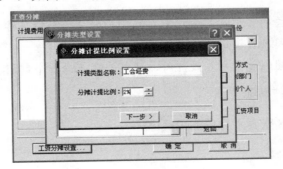

图 5-34　工会经费计提比例设置

(9) 单击“下一步”按钮，打开“分摊构成设置”对话框，在对话框中分别选择分摊构成的各个项目内容，如图 5-35 所示。

图 5-35　工会经费分摊构成设置

(10) 单击"完成"按钮。返回到"分摊类型设置"对话框，如图 5-36 所示。

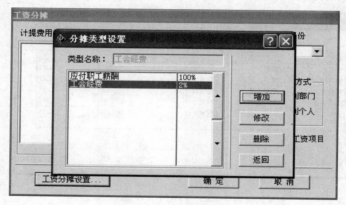

图 5-36　"分摊类型设置"对话框

(11) 单击"返回"按钮，返回到"工资分摊"对话框。

提示

- 所有与工资相关的费用及基金均需建立相应的分摊类型名称及分类比例。
- 不同部门、相同人员类别可以设置不同的分摊科目。
- 不同部门、相同人员类别在设置时，可以一次选择多个部门。

2．分摊工资并生成转账凭证

例 5-13　分摊 108 账套 1 月份的工资。

操作步骤

(1) 选择"工资" | "业务处理" | "工资分摊"命令，打开"工资分摊"对话框。

(2) 分别选择"应付工资"、"工会经费"复选框，并单击选中各个部门，再选中"明细到工资项目"复选框，如图 5-37 所示。

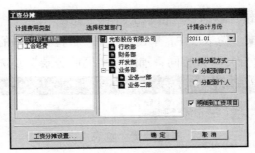

图 5-37　工资分摊设置

(3) 单击"确定"按钮，打开"应付职工薪酬一览表"，如图 5-38 所示。

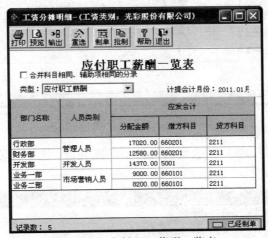

图 5-38　应付职工薪酬一览表

(4) 单击"制单"按钮，生成应付工资分摊的转账凭证。选择凭证类别为"转账凭证"，单击"保存"按钮，如图 5-39 所示。

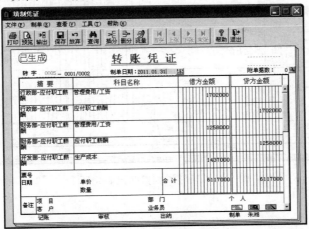

图 5-39　工资分摊的记账凭证

(5) 单击"退出"按钮，返回"应付职工薪酬一览表"。

(6) 在"应付职工薪酬一览表"中，单击"类型"下拉列表框的下三角按钮，选择"工会经费"选项，并选择"合并科目相同、辅助项相同的分录"复选框，如图 5-40 所示。

图 5-40　工会经费一览表

(7) 单击"制单"按钮，生成工会经费分摊的转账凭证。选择凭证类别为"转账凭证"，单击"保存"按钮，如图 5-41 所示。

图 5-41　应付福利费的记账凭证

提示

- 工资分摊应按分摊类型依次进行。
- 在进行工资分摊时，如果不选择"合并科目相同、辅助项相同的分录"复选框，则在生成凭证时每一条分录都将对应一个贷方科目。如果单击"批制"按钮，可以一次将所有本次参与分摊的"分摊类型"对应的凭证全部生成。

5.3　月末处理

5.3.1　月末处理

月末处理是将当月数据经过处理后结转至下月。每月工资数据处理完毕后均可进行月末结转。由于在工资项目中，有的项目是变动的，即每月的数据均不相同，因此在每月工资处理时，均需将其数据清零，而后输入当月的数据，此类项目即为清零项目。

例 5-14　将 108 账套进行 1 月份月末处理。月末处理时不进行清零处理。

操作步骤

(1) 选择"工资"|"业务处理"|"月末处理"命令，或直接单击"月末处理"图标，打开"月末处理"对话框，如图 5-42 所示。

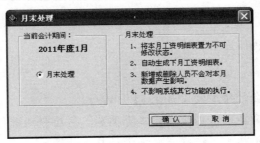

图 5-42　月末处理

(2) 单击"确认"按钮，系统提示"月末处理之后，本月工资将不允许变动！继续月末处理吗？"，如图 5-43 所示。

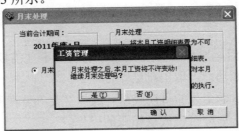

图 5-43　处理的提示

(3) 单击"是"按钮。系统提示"是否选择清零项？"，如图 5-44 所示。

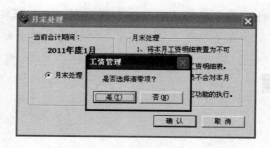

图 5-44　是否清零提示

(4) 单击"否"按钮。系统提示"月末处理完毕"，如图 5-45 所示。

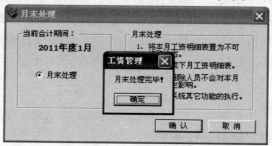

图 5-45　月末处理完成提示

(5) 单击"确定"按钮。

提示

- 月末处理只有在会计年度的 1 月至 11 月进行。
- 如果处理多个工资类别，则应打开工资类别，然后分别进行月末处理。
- 如果本月工资未汇总，系统将不允许进行月末处理。
- 进行月末处理后，当月数据将不再允许变动。
- 月末处理功能只有账套主管才能执行。

5.3.2　反结账

在工资管理系统结账后，发现还有一些业务或其他事项需要在已结账月进行账务处理，则此时需要使用反结账功能，取消已结账标记。

在工资管理系统中，以下个月的日期登录，选择"业务处理"|"反结账"命令，选择要反结账的工资类别，确认后即可完成反结账的操作。

提示

- 在进行月末处理后，如果发现还有一些业务或其他事项要在已进行月末处理的月份进行账务处理，可以由账套主管使用反结账功能，取消已结账标记。
- 如果总账系统已结账或汇总工资类别的会计月份与反结账的会计月份相同则不允

许结账。

5.4　统计分析

工资业务处理完成后，相关的工资报表数据同时生成。系统提供了多种形式的报表，反映工资核算的结果，报表的格式是工资项目按照一定的格式由系统设定的。如果对报表提供的固定格式不满意，可以进行修改。

5.4.1　账表管理

账表管理主要是对工资系统中所有的报表进行管理，它分为工资表和工资分析表两种报表类型。如果系统提供的报表不能满足企业的需要，用户可以启用自定义报表功能，新增报表夹和设置自定义报表。

5.4.2　工资表

工资表用于本月工资的发放和统计，本功能主要是完成查询和打印各种工资表的工作。工资表包括一些由系统提供的原始表，如工资卡、工资发放条、部门工资汇总表、部门条件汇总表、工资发放签名表、人员类别汇总表 、条件统计(明细)表及工资变动汇总(明细)表。

在工资系统中，选择"统计分析"|"账表管理"命令，打开"账表管理"窗口，双击"工资表"，打开"工资表"对话框，双击要查看的工资表，输入查询条件，即可得到相应的查询结果。

5.4.3　工资分析表

工资分析表是以工资数据为基础，对部门、人员类别的工资数据进行分析和比较，产生各种分析表，供决策人员使用。工资数据分析表包括工资增长分析、按月分类统计表、部门分类统计表、工资项目分析表、员工工资汇总表、按项目分类统计表、员工工资项目统计表、分部门各月工资构成分析及部门工资项目构成分析表。

在工资系统中，选择"统计分析"|"账表分析"命令，打开"账表分析"窗口，双击"工资分析表"，打开"工资分析表"对话框，双击要查看的工资分析表，输入查询条件，即可得到相应的查询结果。

对于工资项目分析，系统仅提供单一部门项目分析表。用户在分析界面中可以单击"部门"下拉列表框，选择已选取部门中的某一个部门，查看该部门的工资项目分析表。

对于员工工资汇总表，系统仅提供对单一工资项目和单一部门进行员工工资汇总分析。对于分部门各月工资构成分析表，系统提供对单一工资项目进行工资构成分析。

5.4.4　凭证查询

工资核算的结果以转账凭证的形式传输到总账系统中，在总账系统中可以进行查询、审核以及记账等操作，不能修改或删除。工资管理系统中的凭证查询功能可以对工资系统中所生成的转账凭证进行删除及冲销操作。

例 5-15　查询 2011 年 1 月所填制的工资分摊记账凭证。

操作步骤

(1) 选择"统计分析"|"凭证查询"命令，打开"凭证查询"对话框，如图 5-46 所示。

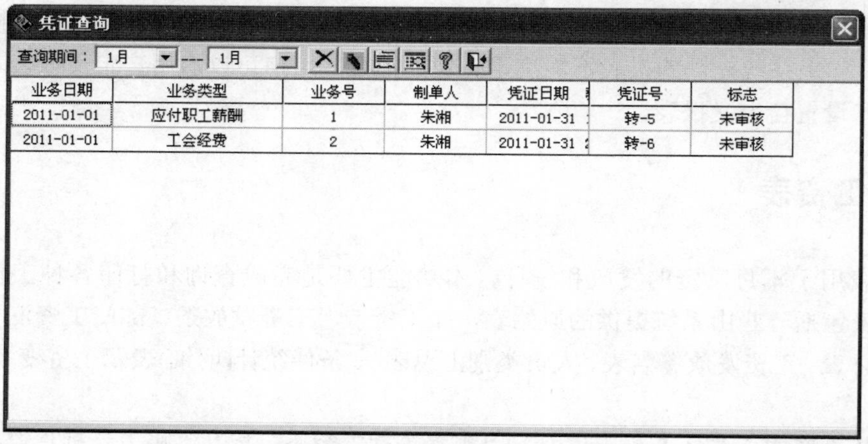

业务日期	业务类型	业务号	制单人	凭证日期	凭证号	标志
2011-01-01	应付职工薪酬	1	朱湘	2011-01-31	转-5	未审核
2011-01-01	工会经费	2	朱湘	2011-01-31	转-6	未审核

图 5-46　"凭证查询"对话框

(2) 选择或输入要查询的起始月份和终止月份，显示查询期间凭证列表。

(3) 选中一张凭证，单击删除按钮 ☒ 可删除标志为"未审核"的凭证。

(4) 单击冲销按钮 ▧ ，则可对当前标志为"记账"的凭证，进行红字冲销操作，自动生成与原凭证相同的红字凭证。

(5) 单击单据按钮 ▤ ，显示生成凭证的原始凭证。

(6) 单击凭证按钮 ▦ ，显示单张凭证界面。

注：此时已将完成了工资业务处理的账套进行了备份，教师和学生均可以引入光盘中的账套进行下一步内容的学习和演练。文件名为"例题用账套/(5)已完成工资业务处理的账套备份"。

复习思考题

(1) 设置人员类别有何作用？

(2) 如果是多工资类别，应如何完成工资项目的设置？

(3) 应如何完成给每个人增加 100 元奖金的操作？

(4) 应如何完成工资分摊的操作？

(5) 凭证查询功能中可以完成哪些操作？

(6) 月末处理的内容有哪些？

上机实验

请参照第 8 章相应实验。

(1) 实验十：工资系统初始化

(2) 实验十一：工资业务处理

第 **6** 章

固定资产管理

教学目的与要求

系统学习固定资产系统的初始化、日常业务处理和期末业务处理的工作原理和操作方法。

掌握：建立固定资产账套，进行基础设置及录入原始卡片的方法；固定资产增减变动的处理方法，计提折旧和制单的方法。

了解：对账、结账及账表查询的方法。

固定资产系统是一套用于企事业单位进行固定资产核算和管理的软件，主要面向中小企业，帮助企业财务部门进行固定资产总值、累计折旧数据的动态管理，为总账系统提供相关凭证，协助企业进行成本核算，同时还为设备管理部门提供各项固定资产的管理指标。

6.1 初始设置

固定资产管理系统初始设置是根据企业的具体情况，建立一个适合本单位需要的固定资产子账套的过程。固定资产初始设置的内容主要包括建立固定资产子账套、基础设置和录入原始卡片。

6.1.1 设置账套参数

建立固定资产子账套是根据企业的具体情况，在已经建立会计核算账套的基础上建立一个适合企业实际需要的固定资产子账套的过程。建立账套需要设置的内容主要包括：约定及说明、启用月份、折旧信息、编码方式、账务接口和完成设置六部分。

例 6-1 以操作员 CWZG(朱湘 密码为"123456")的身份在 2011 年 1 月 10 日登录注册总账系统 108 账套，并建立固定资产子账套。固定资产子账套的启用月份为"2011 年 1 月"；固定资产折旧采用"平均年限法(一)，按月计提折旧"，折旧汇总分配周期为"1 个月"；当月初已计提折旧月份=可使用月份 − 1 时，要求提取全部剩余折旧。固定资产编码方式为"2-1-1-1"，采用手工编码按"类别编码+序号"；序号长度为 5。固定资产系统要求与总账系统进行对账，对账科目为"1601 固定资产"，累计折旧科目为"1602 累计折旧"，对账不平的情况下不允许结账。

操作步骤

(1) 以"CWZG 朱湘"的身份在"系统管理"功能中启用 108 账套的"固定资产"系统(启用日期为 2011 年 1 月 1 日)。

(2) 选择"开始"|"程序"|"用友 T3 系列管理软件"|"用友 T3"|"用友会计信息化教学专用软件"，或者直接单击桌面上的用友会计信息化教学专用软件的图标█打开"注册〖控制台〗"对话框。

(3) 在"用户名"栏录入"CWZG"，在"密码"栏录入"123456"，选择"账套"下拉列表框中的"108 光彩股份有限公司"选项及"会计年度"下拉列表框中的"2011"选项，选择"操作日期"为"2011-01-10"。

(4) 单击"确定"按钮。打开"用友会计信息化教学专用软件"窗口。

提示
- 在启动固定资产系统前应先在系统管理中设置相应的账套。
- 在启动固定资产系统前应已经建立了账套，或在建立账套后已经启用了 108 账套的"固定资产"系统。

(5) 在"用友会计信息化教学专用软件"窗口中，选择"固定资产"选项。 系统提示"这是第一次打开此账套，还未进行过初始化，是否进行初始化"，如图 6-1 所示。

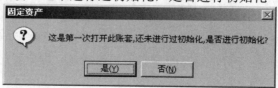

图 6-1 是否进行初始化的提示

(6) 单击"是"按钮，打开"固定资产初始化向导—约定及说明"窗口，如图 6-2 所示。

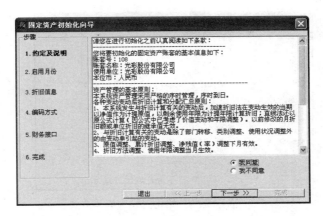

图 6-2　固定资产初始化向导—约定及说明

(7) 选择"我同意"单选按钮，单击"下一步"按钮，打开"固定资产初始化向导—启用月份"窗口，如图 6-3 所示。

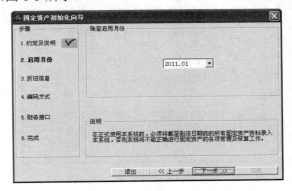

图 6-3　固定资产初始化向导—启用月份

(8) 单击"下一步"按钮，打开"固定资产初始化向导—折旧信息"窗口，如图 6-4 所示。

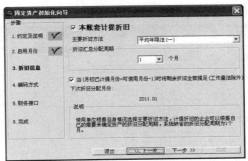

图 6-4　固定资产初始化向导—折旧信息

(9) 单击"下一步"按钮，打开"固定资产初始化向导—编码方式"窗口，修改编码长度为"2111"，如图 6-5 所示。

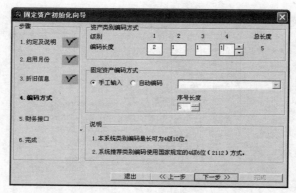

图 6-5 固定资产初始化向导—编码方式

(10) 单击"下一步"按钮,打开"固定资产初始化向导—账务接口"窗口,如图 6-6 所示。

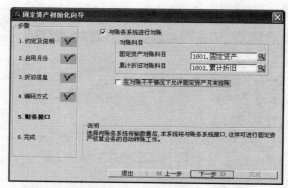

图 6-6 固定资产初始化向导—账务接口

(11) 单击"固定资产对账科目"栏后的参照按钮,选择"1601 固定资产";再单击"累计折旧对账科目"栏后的参照按钮,选择"1602 累计折旧";取消选择"在对账不平情况下允许固定资产月末结账"复选框。 单击"下一步"按钮,打开"固定资产初始化向导—完成"窗口,如图 6-7 所示。

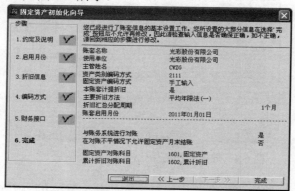

图 6-7 固定资产初始化向导—完成

(12) 单击"完成"按钮，系统提示"已经完成了新建账套的所有设置工作，是否确定所设置的信息完全正确并保存对新账套的所有设置？"，如图 6-8 所示。

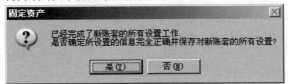

图 6-8　完成了新建账套提示

(13) 单击"是"按钮，系统提示"已成功初始化本固定资产账套"，如图 6-9 所示。

图 6-9　成功初始化提示

(14) 单击"确定"按钮，进入固定资产系统。

提示
- 在启动固定资产系统前应先在系统管理中设置相应的账套。
- 在"固定资产初始化向导——折旧信息"窗口中，"本账套计提折旧"选项的作用是需要选定本账套是否计提折旧。按照制度规定，行政事业单位的固定资产不计提折旧，而企业的固定资产则应计提折旧。一旦选择了不计提折旧，则账套内所有与折旧有关的功能均不能操作，该选项在初始化设置完成后不能修改。
- 系统设置了六种常用折旧方法，选择其中一种方法以便在资产类别设置时自动带出。对具体的固定资产可以重新定义折旧方法。
- 当月初已提月份=可使用月份－1 时，将提取全部剩余的折旧(工作量法除外)，如果选中该项，则除工作量法外，只要满足上述条件，则该月月折旧额=净值－净残值，并且不能手工修改。如果不选该项，则该月不提取剩余折旧并且可以手工修改，但是如果当以后各月按照公式计算的月折旧额是负数时，认为公式是无效的，令月折旧率=0，月折旧额=净值－净残值。
- 建账完成后，当需对账套中的某些参数进行修改时，可以在"固定资产"|"设置"|"选项"中重新设置；当发现某些设置错误而系统又不允许修改(如本账套是否计提折旧)，但必须纠正时，则只能通过"重新初始化"功能来实现，但应注意重新初始化将清空对该子账套所做的一切工作。

6.1.2　基础设置

在使用固定资产系统进行固定资产卡片录入和日常业务处理之前，应检查系统是否已经完成了相应的基础设置。固定资产系统的基础设置主要包括"选项"、"部门档案"、"部门对应折旧科目"、"资产类别"、"增减方式"、"使用状况"和"折旧方法"。

1. 选项设置

由于在建立固定资产子账套时已经进行了有关选项的设置，因此在"选项"中只能对允许修改的参数进行修改，其他参数只能查看。

2. 部门档案设置

在"部门档案"设置中，可以对企业的各职能部门进行分类和描述，以便确定固定资产的归属。部门档案的设置在各个系统中是共享的，在固定资产系统中应检查其设置的内容是否完整，这里可以根据企业的实际需进行设置或修改。

3. 部门对应折旧科目设置

固定资产计提折旧后必须把折旧归入成本或费用，根据不同使用者的具体情况按部门或类别来归集。当按部门归集折旧费用时，某一部门所属的固定资产折旧费用将归集到一个比较固定的科目中，所以以部门对应折旧科目设置就是给部门选择一个折旧科目，录入卡片时，该科目自动显示在卡片中，不必逐个输入，这样可以提高工作效率。然后在生成部门折旧分配表时每一部门按折旧科目汇总，生成记账凭证。

例 6-2　设置 108 账套对应的折旧科目，如表 6-1 所示。

表6-1　对应折旧科目

部　门　名　称	折　旧　科　目
行政部	管理费用—折旧费(660203)
财务部	管理费用—折旧费(660203)
开发部	制造费用(5101)
业务部	销售费用(660104)

操作步骤

(1) 选择"固定资产"|"设置"|"部门对应折旧科目"命令，打开"部门编码表"窗口，如图 6-10 所示。

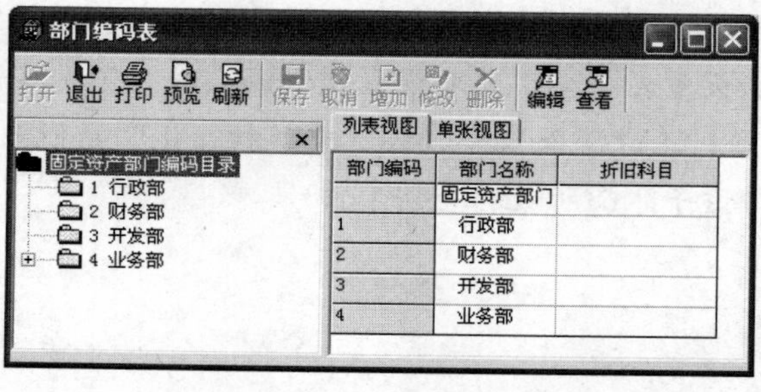

图6-10　"部门编码表"窗口

(2) 单击"行政部"所在行，再单击"修改"按钮。打开行政部的"单张视图"选项卡，如图 6-11 所示。

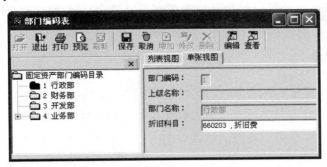

图 6-11　部门编码表"单张视图"

(3) 单击"折旧科目"栏后的对照按钮，选择"660203 管理费用—折旧费"。

(4) 单击"保存"按钮，如图 6-12 所示。

图 6-12　行政部—对应折旧科目

(5) 依此方法继续设置"财务部"、"开发部"和"业务部"(包括业务部下级部门)的折旧对应科目，如图 6-13 所示。

图 6-13　全部的部门—对应折旧科目

(6) 完成后，单击"退出"按钮。

提示

● 在使用部门的折旧科目功能前，必须已建立好部门档案。

● 设置了上级部门的折旧科目，则下级部门可以自动继承，下级部门也可以选择与
上级部门不同的会计科目。

4. 资产类别设置

固定资产的种类繁多，规格不一，要强化固定资产管理，及时准确作好固定资产核算，必须建立科学的固定资产分类体系，为核算和统计管理提供依据。企业可以根据自身的特点和管理要求，确定一个较为合理的资产分类方法，对固定资产类别进行增加、修改和删除的操作。

例 6-3 设置 108 账套固定资产类别，如表 6-2 所示。

表 6-2 固定资产类别

类别编码	类别名称	使用年限	净残值率	计提属性	折旧方法	卡片样式
01	建筑物	50	2%	正常计提	平均年限法(一)	通用样式
02	设备			正常计提	平均年限法(一)	通用样式
021	办公设备	5	2%	正常计提	平均年限法(一)	通用样式
022	运输设备	15	2%	正常计提	平均年限法(一)	通用样式

操作步骤

(1) 选择"固定资产"｜"设置"｜"资产类别"命令，打开"类别编码表"窗口，如图 6-14 所示。

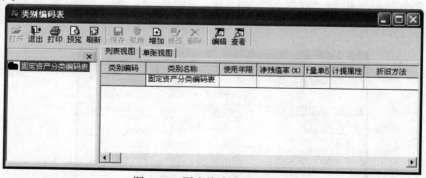

图 6-14 固定资产分类编码表

(2) 单击"增加"按钮，打开"类别编码表—单张视图"对话框，如图 6-15 所示。

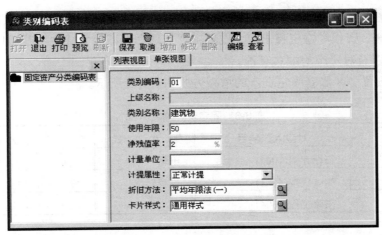

图 6-15　类别编码表—单张视图

(3) 录入类别名称"建筑物"，使用年限"50"，净残值率"2"。

(4) 单击"保存"按钮。

(5) 依此方法继续录入其他的资产类别，如图 6-16 所示。

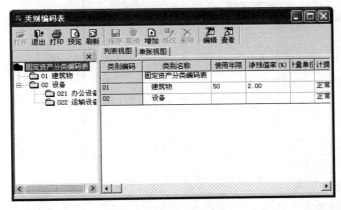

图 6-16　类别编码表

(6) 单击"退出"按钮，退出。

提示

- 只有在最新的会计期间才可以增加资产类别，月末结账后则不能增加。
- 资产类别编码不能重复，同级的类别名称不能相同。
- 类别编码、名称、计提属性及卡片样式不能为空。
- 非明细类别编码不能被修改和删除，明细类别编码修改时只能修改本级的编码。
- 使用过的类别计提属性不允许删除或增加下级类别。

5. 增减方式设置

增减方式包括增加方式和减少方式两类。增加的方式主要有：直接购入、投资者投入、捐赠、盘盈、在建工程转入以及融资租入。减少的方式主要有：出售、盘亏、投资转出、捐赠转出、报废、毁损和融资租出等。设置资产的增加和减少方式主要是用以确定资产计价和处理原则以及对资产的汇总管理。

例6-4 设置108账套固定资产的增减方式如表6-3所示。

表6-3　固定资产增减方式

增 加 方 式	对应入账科目	减 少 方 式	对应入账科目
直接购入	银行存款(1002)	出售	固定资产清理(1606)
投资者投入	实收资本(4001)	投资转出	投资转出(1511)
在建工程转入	在建工程(1604)	报废	固定资产清理(1606)

操作步骤

(1) 选择"固定资产"|"设置"|"增减方式"命令，打开固定资产的"增减方式"窗口，如图6-17所示。

图6-17　"增减方式"设置窗口

(2) 选择"直接购入"所在行，再单击"修改"按钮，打开"增减方式—单张视图"对话框，如图6-18所示。

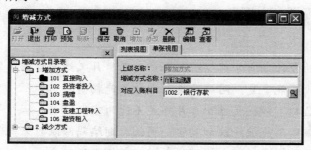

图6-18　增减方式—单张视图

(3) 单击"对应入账科目"栏后的参照按钮，选择"1002 银行存款"。

(4) 单击"保存"按钮。

(5) 依此方法继续录入其他的固定资产增减方式所对应的会计科目，如图 6-19 所示。

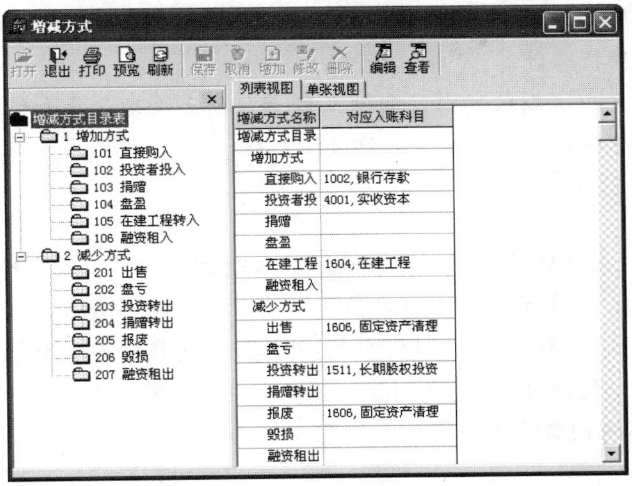

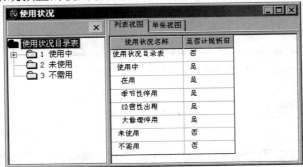

图 6-19　增减方式列表视图

(6) 完成后，单击"退出"按钮。

提示

- 此处所设置的对应入账科目是为了在进行增减固定资产业务处理时直接生成凭证中的会计科目。
- 非明细级的增减方式不能删除，已使用的增减方式不能删除。
- 生成凭证时如果入账科目发生了变化，可以进行修改。

6. 使用状况设置

以固定资产核算和管理的角度，需要明确资产的使用状况，一方面可以正确地计算和计提折旧；另一方面便于统计固定资产的使用情况，提高资产的利用效率。系统预置的使用状况有：使用中、在用、季节性停用、经营性出租、大修理停用、未使用及不需用。

108 账套默认系统预置的使用状况，如图 6-20 所示。

图 6-20　"使用状况"窗口

提示

- 修改某一使用状况的"是否计提折旧"选项后，对折旧计算的影响将从当期开始，不调整以前的折旧计算。
- "在用"状况下级默认的内容因涉及到卡片的大修理记录和停用记录表的自动填写，因此不能删除，但名称可以修改。

7. 折旧方法设置

折旧方法设置是系统自动计算折旧的基础。系统给出了常用的六种方法：不提折旧、平均年限法(一和二)、工作量法、年数总和法以及双倍余额递减法。这些方法是系统设置的折旧方法，只能选用，不能删除和修改。另外，如果这几种方法不能满足企业的使用需要，则系统提供了折旧方法的自定义功能，可以定义适合的折旧方法名称和计算公式。

108 账套默认系统预置的折旧方法，如图 6-21 所示。

提示

- 自定义公式中包含的项目只能是系统给定的项目。
- 月折旧额和月折旧率公式定义时必须有单项包含关系，但不能同时互相包含。
- 计提折旧时，若自定义折旧方法的月折旧额或月折旧率出现负数时，自动终止折旧计提。
- 修改卡片中已使用折旧方法的公式，将使所有使用该方法的资产折旧的计提按修改过的公式计算折旧。但以前各期间已经计提的折旧不变。

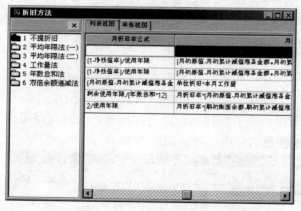

图 6-21 "折旧方法"窗口

6.1.3 原始卡片录入

固定资产卡片是固定资产核算和管理的依据，为了保持历史资料的连续性，在使用固定资产核算前，除了要进行基础设置的工作外，还必须将建账日期以前的数据录入到系统中，使固定资产系统中有一个完整的数据资料。原始卡片的录入不限制必须在第一个期间结账前，任何时候都可以录入原始卡片。

例 6-5 录入 108 账套固定资产的原始卡片，如表 6-4 所示。

表 6-4 固定资产原始卡片

卡 片 编 号	00001	00002
固定资产编号	02100001	02200001
固定资产名称	ZY5#仪器	卡车
类别编号	021	022
类别名称	办公设备	运输设备
部门名称	开发部	业务一部
增加方式	直接购入	投资者投入
使用状况	在用	在用
使用年限	5 年	15 年
折旧方法	平均年限法(一)	平均年限法(一)
开始使用日期	2008 年 1 月 11 日	2008 年 6 月 22 日
币种	人民币	人民币
原值	1 594 000	329 600
净残值率	2%	2%
累计折旧	195 203	58 219
对应折旧科目	5101 制造费用	660104 销售费用—折旧费

操作步骤

(1) 选择"固定资产"|"卡片"|"录入原始卡片"命令，打开"资产类别参照"对话框，如图 6-22 所示。

图 6-22 "资产类别参照"对话框

(2) 双击"设备"后选中"办公设备"选项。单击"确认"按钮，打开"录入原始卡片— 00001 号卡片"对话框，如图 6-23 所示。

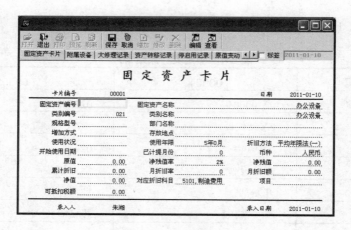

图 6-23 新增固定资产卡片

(3) 在"卡片编号"栏中录入"02100001",在"固定资产名称"栏中录入"ZY5# 仪器"。单击"部门名称",出现"部门名称"按钮,再单击"部门名称"按钮,出现"部门参照"对话框。单击选中"开发部",如图 6-24 所示。

图 6-24 "部门参照"对话框

(4) 单击"确认"按钮后,单击"增加方式",出现"增加方式"按钮,再单击"增加方式"按钮,出现"增减方式参照"对话框,单击选中"直接购入",如图 6-25 所示。

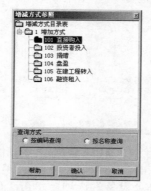

图 6-25 "增减方式参照"对话框

(5) 单击"确认"按钮后，单击"使用状况"，出现"使用状况"按钮，再单击"使用状况"按钮，出现"使用状况参照"对话框，如图 6-26 所示。

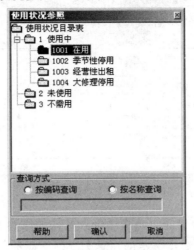

图 6-26 "使用状况参照"对话框

(6) 单击"确认"按钮后，单击"开始使用日期"，在"开始使用日期"栏中录入"2008-1-11"。

(7) 单击"原值"，在"原值"栏中录入"1594000"。

(8) 单击"累计折旧"，在"累计折旧"栏中录入"195293"，如图 6-27 所示。

图 6-27 填制完成的卡片

(9) 单击"保存"按钮。系统提示"数据成功保存"，如图 6-28 所示。

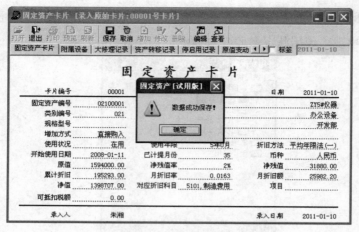

图 6-28　数据成功保存提示

(10) 单击"确定"按钮。依此方法继续录入其他的原始卡片。

注：此时已将完成了固定资产初始化的账套进行了备份，教师和学生均可以引入光盘中的账套进行下一步内容的学习和演练。文件名为"例题用账套/(6)已完成固定资产初始化的账套备份"。

提示

- 卡片中的固定资产编号根据初始化或选项设置中的编码方式，自动编码或需要用户手工录入。

- 录入人自动显示为当前操作员，录入日期为当前登录日期。

- 录入与计算折旧有关的项目后，系统会按照输入的内容将本月应提的折旧额显示在"月折旧额"项目内，可将该值与手工计算的值进行比较，看是否有录入错误。

- 其他页签录入的内容只是为管理卡片设置，不参与计算。并且除附属设备外，其他内容在录入月结账后除"备注"外不能修改和输入，而是由系统自动生成。

- 原值、累计折旧以及累计工作量的录入一定要是卡片录入月月初的价值，否则将会出现计算错误。

- 已计提月份必须严格按照该资产已经计提的月份数，不包括使用期间停用等不计提折旧的月份，否则不能正确计算折旧。

- 开始使用的日期，必须采用 YYYY-MM-DD 形式录入。其中的年和月对折旧计提有影响，日不会影响折旧的计提，但是也必须录入。

- 如果输入原值和净值，可自动计算累计折旧。

- 对应折旧科目，可根据所选择的使用部门自动带出。

- 备份：(7)已完成固定资产系统初始化。

6.2 日常业务处理

固定资产的日常业务处理主要包括企业平时的固定资产卡片管理、固定资产的增减业务处理及固定资产的各种变动管理。

6.2.1 固定资产卡片管理

卡片管理是对固定资产系统中所有的卡片进行综合管理的功能操作。通过卡片管理可以完成卡片修改、卡片删除、卡片查询及卡片打印等操作。

1. 卡片查询

卡片查询即可以查询单张卡片的信息，也可以查询卡片汇总的信息。每一张卡片在固定资产列表中显示为一条记录行。通过这条记录行或快捷信息窗体可查看该资产的简要信息，要想查看详细情况，可以在卡片管理列表中选中要查看的卡片记录行，双击该记录行，即显示单张卡片的详细内容。查看卡片汇总信息即查看企业实际业务中的固定资产台账，固定资产系统设置按部门查询、按类别查询及自定义查询三种查询方式。

例 6-6 查询 108 账套全部固定资产卡片并查询开发部的固定资产情况。

操作步骤

(1) 选择"固定资产"|"卡片"|"卡片管理"命令，打开"卡片管理[全部卡片]"窗口，如图 6-29 所示。

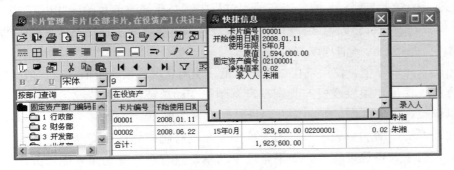

图 6-29 全部卡片窗口

(2) 退出"快捷信息"。单击左侧窗口中"固定资产部门编码目录"中的"开发部"选项，在右侧窗口中显示"开发部"的固定资产情况，如图 6-30 所示。

图 6-30 "开发部"的固定资产情况

(3) 单击"退出"按钮。

提示

- 按部门查询卡片可以从左边查询条件下拉框中选择"按部门查询"选项，目录区显示部门目录，选择"部门编码目录"选项，右边显示所有在役和已减少的资产状况；选择要查询的部门名称，则右侧列表显示的就是属于该部门的卡片列表。可分别显示在役资产和已减少资产。

- 按类别查询卡片可以从左边的查询条件下拉框中选择"按类别查询"选项，目录区显示类别目录，选择"分类编码表"选项，右边将显示所有在役和已减少资产状况；选择要查询的固定资产类别，则右侧列表显示的就是属于该类别的卡片列表。可分别显示在役资产和已减少资产。

- 双击某一卡片则会将其打开，查看该卡片的所有内容。

2. 卡片修改与删除

当发现卡片录入有错误，或资产在使用过程中有必要修改卡片的一些内容时，则可以通过卡片修改功能进行修改，这种修改为无痕迹修改。删除卡片是指把卡片资料彻底从系统中删除，而并不是资产清理或减少。

- 原始卡片的原值、使用部门、工作总量、使用状况、累计折旧、净残值(率)、折旧方法、使用年限以及资产类别在没有制作变动单或评估单情况下，在录入当月可以修改。如果制作了变动单，则只有删除变动单才能修改。

- 通过"资产增加"录入系统的卡片如果在没有制作凭证和变动单、评估单的情况下，在录入当月可修改。如果做过变动单，只有删除变动单才能修改。如果已制作凭证，要修改原值或累计折旧，则必须删除凭证后，才能修改，

- 原值、使用部门、使用状况、累计折旧、净残值(率)、折旧方法、使用年限和资产类别各项目在进行一次月末结账后，只能通过变动单或评估单来调整，不能通过卡片修改功能改变。

- 若在卡片录入当月发现卡片录入有错误，想删除该卡片，可通过"卡片删除"功能来实现，删除后如果该卡片不是最后一张，则卡片编号保留空号。

- 非本月录入的卡片不能删除。
- 卡片做过一次月末结账后不能删除。做过变动单、评估单或凭证的卡片在删除时，系统会提示先删除相关的变动单、评估单或凭证。

6.2.2　固定资产增减管理

1. 固定资产增加

"资产增加"即新增加固定资产卡片。在系统的日常使用过程中，可能会购进或通过其他方式增加企业资产，该部分资产通过"资产增加"操作录入系统。当固定资产开始使用日期的会计期间=录入会计期间时，才能通过"资产增加"来录入。

例 6-7　2011 年 1 月 20 日，行政部直接购入一台电脑，价值为 18 000 元，预计使用年限 5 年，预计净残值率为 3%，采用双倍余额递减法计提折旧。

操作步骤

(1) 选择"固定资产"|"卡片"|"资产增加"命令，打开"资产类别参照"对话框，单击选中"设备"中的"办公设备"选项，如图 6-31 所示。

(2) 单击"确认"按钮，打开"固定资产卡片[录入原始卡片：00003 号卡片]"窗口。

(3) 分别录入固定资产编号"02100002"、固定资产名称"电脑"、录入或选择部门名称为"行政部"、增加方式为"直接购入"、使用状况为"在用"、开始使用日期"2011-01-20"，原值为"18 000"、净残值率"3%"以及折旧方法为"双倍余额递减法"，如图 6-32 所示。

图 6-31　"资产类别参照"对话框

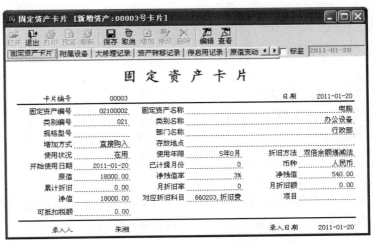

图 6-32　填制完成的 003 号卡片

(4) 单击"保存"按钮，系统提示"数据成功保存"，单击"确定"按钮。

提示

- 新卡片第一个月不提折旧，折旧额为空或零。
- 原值录入的一定要是卡片录入月月初的价值，否则将会出现计算错误。
- 如果录入的累计折旧、累计工作量不是零，说明是旧资产，该累计折旧或累计工作量是在进入本企业前的值。
- 已计提月份必须严格按照该资产在其他单位已经计提或估计已计提的月份数，不包括使用期间停用等不计提折旧的月份，否则不能正确计算折旧。

2. 固定资产减少

资产在使用过程中，总会由于各种原因，如毁损、出售以及盘亏等，退出企业，该部分操作称为"资产减少"。在系统中提供资产减少的批量操作，为同时清理一批资产提供方便。

只有当账套开始计提折旧后才可以使用资产减少功能，否则，减少资产只能通过删除卡片来完成。由于108账套还没计提过折旧，所以现在还不能进行资产减少的操作。

资产减少的操作是在"卡片"菜单中的"资产减少"功能中完成的。在资产减少时应分别在资产减少功能中录入"卡片编号"、"资产编号"、"减少方式"及"减少日期"等内容。

提示

- 如果误减少资产，可以使用系统提供的纠错功能来恢复。只有当月减少的资产才可以恢复。如果资产减少操作已制作了凭证，则必须在删除凭证后才能恢复。
- 只要卡片未被删除，就可以通过卡片管理中的"已减少资产"功能来查看减少的资产。

6.2.3 固定资产变动管理

资产在使用过程中，可能会调整卡片上的某些项目，这种变动要求留下原始凭证，制作的原始凭证称为"变动单"。资产的变动包括：原值变动、部门转移、使用状况变动、使用年限调整、折旧方法调整以及净残值(率)调整等。

系统约定本月录入的卡片和本月增加的资产不允许进行变动处理，因此，要进行资产变动必须先计提折旧并制单并且结账后才能进行有关变动的处理。

固定资产变动管理是在"卡片"菜单中的"变动单"或"批量变动"功能中完成的。在打开变动单后输入相应的变动内容并制单即可。

提示

- 变动单保存后不能修改，只能在当月删除后重新填制。
- 进行使用年限调整的资产在调整的当月就按调整后的使用年限计提折旧。
- 进行折旧方法调整的资产在调整的当月就按调整后的折旧方法计提折旧。

● 如果进行累计折旧调整则应保证调整后的累计折旧大于净残值。

6.3　期末业务处理

在固定资产系统中，期末业务处理的工作主要包括计提折旧、制单处理及对账与结账的处理工作。

6.3.1　折旧处理

自动计提折旧是固定资产系统的主要功能之一。根据已经录入系统的有关固定资产资料每期计提折旧一次，并自动生成折旧分配表；然后制作记账凭证，将本期的折旧费用自动登账，并将当期的折旧额自动累加到累计折旧项目中。

影响折旧的因素主要有原值、减值准备、累计折旧、净残值(率)、折旧方法、使用年限及使用状况。

例 6-8　计提 108 账套 2011 年 1 月的固定资产折旧。

(1) 选择"固定资产"|"处理"|"计提本月折旧"命令，系统提示"本操作将计提本月折旧，并花费一定时间，是否要继续？"，如图 6-33 所示。

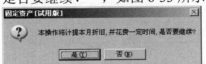

图 6-33　计提折旧前的提示

(2) 单击"是"按钮，系统提示"是否要查看折旧清单"，如图 6-34 所示。

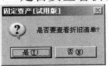

图 6-34　是否要查看折旧清单的提示

(3) 单击"是"按钮，生成"折旧清单"，如图 6-35 所示。

卡片编号	资产编号	资产名称	原值	计提原值	本月折旧	累计折旧	净残值	折旧率
00001	02100001	ZY5#仪器	1,594,000.00	1,594,000.00	25,982.20	221,275.20	1,880.00	0.0163
00002	02200001	卡车	329,600.00	329,600.00	1,779.84	59,998.84	6,592.00	0.0054
合计			1,923,600.00	1,923,600.00	27,762.04	281,274.04	8,472.00	

图 6-35　折旧清单

(4) 单击"退出"按钮，打开"折旧分配表"窗口，如图 6-36 所示。

图 6-36　折旧分配表

(5) 单击"凭证"按钮，生成一张计提折旧的记账凭证，选择凭证种类为"转账凭证"，单击第 3 条分录的科目名称参照按钮，选择"1602 累计折旧"选项，单击"保存"按钮，保存计提折旧的记账凭证，如图 6-37 所示。

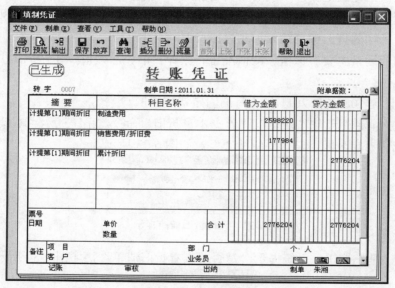

图 6-37　计提折旧的凭证

(6) 单击"退出"按钮。

提示

- 本系统在一个期间内可以多次计提折旧，每次计提折旧后，都只是将计提的折旧累加到月初的累计折旧，不会重复累计。
- 如果上次计提折旧已制单并把数据传递到账务系统中，则必须删除该凭证才能重新计提折旧。
- 计提折旧后又对账套进行了有影响折旧计算或分配的操作，必须重新计提折旧，否则系统不允许结账。
- 如果自定义的折旧方法月折旧率或月折旧额出现负数，则自动中止计提。

6.3.2 制单处理

固定资产系统和总账系统之间存在着数据自动传输的关系，这种传输是通过记账凭证来完成的。固定资产系统中要制作凭证的业务内容主要包括资产增加、资产减少、卡片修改(涉及到原值和累计折旧时)、资产评估(涉及到原值和累计折旧时)、原值变动、累计折旧调整及折旧分配。

制作凭证可以采用"立即制单"和"批量制单"两种方法。如在"选项"中设置了"业务发生后立即制单"，则当需制单的业务发生时系统自动调出不完整的凭证供修改后保存；如果未选中"业务发生后立即制单"，则可以使用系统提供的"批量制单"功能完成制单的工作。批量制单功能可以同时将一批需要制单的业务连续制作成凭证并传输到总账系统中。

例 6-9 将 1 月份的新增固定资产进行制单处理。

操作步骤

(1) 选择"固定资产"|"处理"|"批量制单"命令，打开"批量制单"对话框。

(2) 选中"制单"栏。

(3) 单击"制单设置"选项卡，在第一行"科目"栏中输入新增固定资产的借方科目"1601"，如图 6-38 所示。

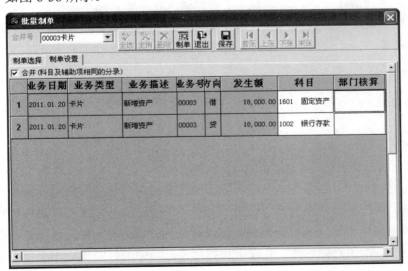

图 6-38 新增固定资产的制单设置

(4) 单击"制单"按钮，录入摘要为"增加固定资产"，选择凭证类别为"付款凭证"。

(5) 单击"保存"按钮，如图 6-39 所示。

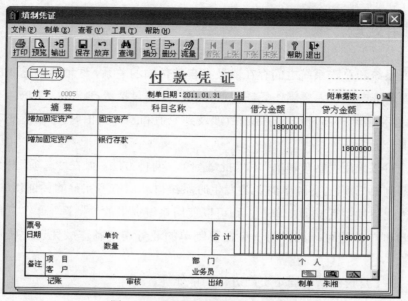

图 6-39　新增固定资产的记账凭证

提示

- 在固定资产系统中所有生成的凭证都可以在"凭证查询"功能中进行查询、修改和删除的操作。
- 由固定资产系统传递到总账系统中的凭证，在总账系统中不能被修改和删除。
- 修改凭证时，能修改的内容仅限于摘要、用户自行增加的凭证分录、系统默认的折旧科目，而系统缺少的分录金额是与原始交易相关的，不能修改。
- 备份：(8)已完成了固定资产业务处理。

6.3.3　对账与结账处理

1. 对账

系统在运行过程中，应保证本系统所管理的固定资产的价值和账务系统中固定资产科目的数值相等。而两个系统的资产价值是否相等，应通过执行固定资产系统提供的对账功能来实现，对账操作不限制执行的时间，任何时候均可以进行对账。系统在执行月末结账时自动对账一次，给出对账结果，并根据初始化或选项中的判断确定不平情况下是否允许结账。

只有系统初始化或选项中选择了与账务对账，才可以进行对账的操作。在"处理"菜单中的"对账"功能中完成对账操作，在选择对账功能后，系统会自动完成对账并给出对账结果。

提示

如果对账不平，需要根据初始化时是否选中"在对账不平情况下允许固定资产月末结账"来判断是否可以进行结账处理。

2. 结账

当固定资产系统完成了本月全部制单业务后，可以进行月末结账。月末结账每月进行一次，结账后当期数据不能修改。结账的操作是在"处理"菜单中的"月末结账"功能中完成的。结账后如果发现月末处理的业务有需要修改的事项，可以通过系统提供的"恢复月末结账前状态"功能来进行反结账。

提示

- 本期不结账，将不能处理下期的数据。结账前一定要进行数据备份。
- 不能跨年度恢复数据，即本系统年末结转后，不能利用本功能恢复年末结转。

6.3.4 账表管理

在固定资产管理的过程中，需要及时掌握资产的统计、汇总和其他各方面的信息。在固定资产系统中根据用户对系统的日常操作，自动提供这些信息，以报表的形式提供给财务人员和资产管理人员。本系统提供的报表分为四类：账簿、折旧表、汇总表以及分析表。另外如果所提供的报表不能满足要求，系统还提供了自定义报表的功能，可以根据需要定义符合要求的报表。

1. 固定资产账簿

在进行了固定资产的日常业务处理之后，系统根据业务内容直接生成有关的固定资产账簿资料。固定资产的账簿资料主要包括固定资产总账、固定资产明细账及固定资产登记簿。固定资产的明细账包括单个固定资产明细账和分别按部门和按类别登记的固定资产明细账。这些账簿以不同的方式，序时地反映了资产的变化情况，在查询的过程中可以联查某一时期或某一部门、某一类别的明细资料及记账凭证，从而获得全面固定资产的信息。固定资产账簿可以在"报表"菜单的"账表管理"功能中的"账簿"中进行查询。

2. 分析表

固定资产分析表主要通过对固定资产的综合分析，为管理者提供管理和决策依据。系统提供了四种分析表，即部门构成分析表、价值结构分析表、类别构成分析表和使用状况分析表。管理者可以通过这些分析表了解企业固定资产的计提折旧情况和剩余价值大小等内容。

固定资产分析表可以在"报表"菜单中"账表管理"功能中的"分析表"中进行查询。

3. 统计表

统计表是出于管理资产的需要，按管理目的统计的数据。系统提供了七种统计表，固定资产原值一览表、固定资产统计表、评估汇总表、评估变动表、盘盈盘亏报告表、逾龄资产统计表以及役龄资产统计表。这些表从不同的侧面对固定资产进行统计分析，使管理者可以全面细致地了解企业对资产的管理，为及时掌握资产的价值、数量以及新旧程度等指标提供依据。

4. 折旧表

系统提供了四种折旧表，即部门折旧计提汇总表、固定资产及累计折旧表(一)、固定资产及累计折旧表(二)和固定资产折旧计算明细表。通过固定资产折旧表可以了解并掌握企业所有固定资产本期、本年某部门、某类别固定资产计提折旧及明细情况。

6.4 数据维护

6.4.1 数据接口管理

数据接口管理即卡片导入功能，可以将企业已有的固定资产核算系统的资产卡片，自动写入到本系统中，减少手工录入卡片的工作量。为保证卡片导入顺利进行，应在执行该功能之前，仔细阅读卡片导入的约束条件、提示信息和栏目说明内容。

6.4.2 重新初始化账套

如果系统在运行过程中发现账簿中的数据错误很多或太乱，无法或不想通过"反结账"来纠错，则可以通过"重新初始化账套"功能将该账套的内容全部清空，然后从系统初始化开始重新建立账套。

注：此时已将完成的固定资产业务处理的账套进行了备份，教师和学生均可以引入光盘中的账套进行下一步内容的学习和演练。文件名为"例题用账套/(7)已完成固定资产业务处理的账套备份"。

提示
- 重新初始化账套是对已经打开和使用的账套而言。
- 执行重新初始化账套会删除该账套的所有操作。

复习思考题

(1) 固定资产系统初始设置的内容有哪些？

(2) 在启用固定资产的当月为什么不能做减少固定资产的操作？

(3) 应如何完成计提固定资产折旧并制单的操作？

(4) 重新初始化账套有何作用？

上机实验

请参照第 8 章相应实验。

(1) 实验十二：固定资产系统初始化

(2) 实验十三：固定资产业务处理

第 **7** 章

财 务 报 表

┤教学目的与要求├

系统地学习自定义报表以及使用报表模板生成报表的方法。

掌握： 使用报表模板生成报表数据的方法。当自定义报表时，报表格式设置、公式设置的方法以及报表数据的计算方法。

了解： 修改报表公式的方法，设置关键字的方法。

财务报表是通用电子表格软件，既可以独立使用，也可以和财务管理软件的其他模块结合使用，适用于各行业的财务、会计、人事、计划、统计、税务及物资等部门。

财务报表管理系统的主要功能包括提供各行业报表模板、文件管理功能、格式管理功能、数据处理功能、图表功能及打印功能。

1. 提供各行业报表模板

系统中提供了 40 个行业的标准财务报表模板。如果标准行业报表仍不能满足需要，系统还提供了自定义模板的功能，可以根据本单位的实际需要定制模板。

2. 文件管理功能

系统提供了各类文件管理功能，除了能完成一般的文件管理外，财务报表电子表的数据文件还能转换为不同的文件格式：如 ACCESS 文件、MS 文件、EXCEL 文件以及 LOTUS1-2-3 文件。

3. 格式管理功能

系统提供的格式设计功能，可以设置报表尺寸、组合单元、画表格线(包括斜线)、调整行高列宽、设置字体和颜色以及设置显示比例等，可以制作出满足各种要求的报表。

4. 数据处理功能

财务报表以固定的格式管理大量的不同表页，能将多达 99 999 张具有相同格式的报表资料统一在一个报表文件中进行管理，并且在每张表页之间建立有机的联系。

此外还提供了排序、审核、舍位平衡以及汇总功能；提供了绝对单元公式和相对单元公式，可以方便、迅速地定义计算公式；提供了种类丰富的函数，可以在系统向导的引导下轻松地从财务及其他子系统中提取数据，生成财务报表。

5. 图表功能

采用"图文混排"，可以很方便地进行图形数据组织，制作包括直方图、立体图、圆饼图及折线图等 10 种图式的分析图表。可以编辑图表的位置、大小、标题、字体和颜色等，并打印输出图表。

6. 打印功能

采用"所见即所得"的打印方式，报表和图形都可以打印输出。提供"打印预览"，可以随时观看报表或图形的打印效果。打印报表时，可以打印格式或数据，并设置表头和表尾，可以在 0.3~3 倍之间缩放打印，也可以横向或纵向打印等。

7. 二次开发功能

系统提供了批命令和自定义菜单，自动记录命令窗口中输入的多个命令，可将具有规律性的操作过程编制成批命令文件。提供了 Windows 风格的自定义菜单，综合利用批命令，可以在短时间内开发出本企业的专用系统。

7.1 报表格式设计

定义一张报表，首先应该定义报表数据的载体——报表格式。不同的报表，格式定义的内容也会不同，但一般情况下报表格式应该包括报表表样、单元类型及单元风格等内容。

7.1.1 启动财务报表

在使用财务报表系统处理报表之前，首先应启动财务报表系统，并建立一张空白的报表，然后在这张空白报表的基础上设计报表的格式。

例 7-1 2011 年 1 月 10 日，以 CWZG(朱湘 口令：123456)的身份，登录注册 108 账套的"财务报表"系统并新增一张报表。

操作步骤

(1) 选择"开始"|"程序"|"用友 T3 系列管理软件"|"用友 T3"|"用友会计信息

化教学专用软件"命令，或者直接单击桌面上的用友会计信息化教学专用软件的图标 打开"注册〖控制台〗"对话框。

(2) 在"用户名"栏录入"CWZG"，在"密码"栏录入"123456"，选择"账套"下拉列表框中的"108 光彩股份有限公司"选项及"会计年度"下拉列表框中的"2011"选项，选择"操作日期"为"2011-01-31"。

(3) 单击"确定"按钮。打开"用友会计信息化教学专用软件"窗口。

(4) 单击"财务报表"，打开"用友 T3—财务报表(试用版)"窗口。如图 7-1 所示。

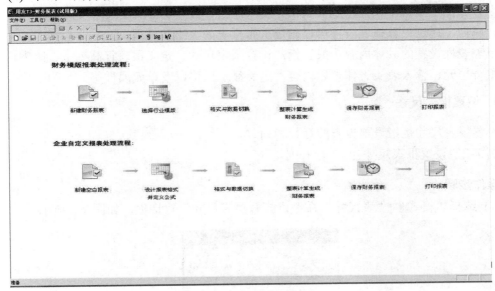

图 7-1　"财务报表"窗口

(5) 选择"文件"|"新建"命令，或单击"新建"图标 ，建立一张新的报表，如图7-2 所示。

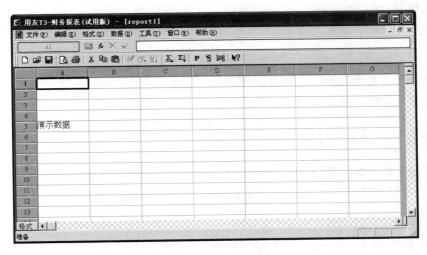

图 7-2　新增一张报表

提示

- 建立新表后，将得到一张系统默认格式的空表，默认报表名为"Report1.rep"。
- 建立空白报表后，里面没有任何内容，所有单元的类型均默认为数值单元。
- 新报表建立后，默认的状态栏为格式状态。

7.1.2 设计表样

设计表样主要包括设计报表的表格、输入报表的表间项目及定义项目的显示风格、定义单元属性。通过设置报表表样可以确定整张报表的大小和外观。

报表表样设置的具体内容一般包括：设置报表尺寸、定义报表行高列宽、画表格线、定义组合单元、输入表头表体表尾内容、定义显示风格以及单元属性等。

1. 设置报表尺寸

设置报表尺寸是指设置报表的行数和列数。

例 7-2 设置报表尺寸为 12 行 6 列。

操作步骤

(1) 选择"格式"|"表尺寸"命令，打开"表尺寸"对话框，如图 7-3 所示。

图 7-3 "表尺寸"对话框

(2) 直接输入或单击"行数"文本框的微调按钮，选择"12"；将"列数"文本框的微调按钮选择为"6"。

(3) 单击"确认"按钮。

提示

设置完报表的尺寸之后，还可以选择"格式"菜单中的"插入"或"删除"命令增加或减少行或列来调整报表大小。

2. 定义报表的行高和列宽

如果报表中某些单元的行或列要求比较特殊，则需要调整行高或列宽。

例 7-3 定义报表第 1 行行高为 12mm，第 2~12 行的行高为 8mm。

操作步骤

(1) 将光移动到 A1 单元单击，拖动鼠标至 F1 单元(即选中第 1 行)，选择"格式"|"行高"命令，打开"行高"对话框。

(2) 直接输入或单击"行高"文本框的微调按钮，选择"12"，单击"确认"按钮。

(3) 选中第 2~12 行，选择"格式"菜单中的"行高"命令，打开"行高"对话框，直接输入或选择"8"，单击"确认"按钮。

例 7-4 将第 1 列(A 列)和第 4 列(D 列)列宽定义为 44mm；第 2 列(B 列)、第 3 列(C 列)、第 5 列(E 列)和第 6 列(F 列)的列宽定义为 20mm。

操作步骤

(1) 将光标移到 A1 单元并单击，拖动鼠标至 A12 单元(即选中第 1 列)，选择"格式"|"列宽"命令，打开"列宽"对话框，如图 7-4 所示。

图 7-4 "列宽"对话框

(2) 直接输入或单击"列宽"文本框的微调按钮，选择"44"，单击"确认"按钮。

(3) 用同样的方法继续设置其他列的列宽。

提示

行高和列宽的定义，可以通过菜单操作，也可以直接利用鼠标拖动某行或某列来调整。

3. 画表格线

报表的尺寸设置完成之后，在数据状态下，该报表是没有任何表格线的，所以为了满足查询和打印的需要，还需要画上表格线。

例 7-5 将 A4:F12 画上网线。

操作步骤

(1) 将光标移动到 A4 单元单击，拖动鼠标至 F12 单元，选择需要画线的区域 A4:F12。

(2) 选择"格式"菜单中的"区域画线"命令，打开"区域画线"对话框，如图 7-5 所示。

图 7-5 "区域画线"对话框

(3) 单击"网线"单选按钮，确定画线类型和样式。

(4) 单击"确认"按钮。

提示

画好的表格线在格式状态下变化并不明显。操作完以后可以在数据状态下查看效果。

4. 定义组合单元

有些内容，如标题、编制单位、日期及货币单位等信息可能一个单元容纳不下，因此，为了实现这些内容的输入和显示，需要定义组合单元。

例 7-6 将单元 A1:F1 组合成一个单元。

操作步骤

(1) 将光标移动到 A1 单元并单击，拖动鼠标至 F1 单元，选择需要合并的区域 A1:F1。

(2) 选择"格式"|"组合单元"命令，打开"组合单元"对话框，如图 7-6 所示。

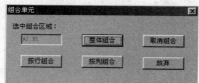

图 7-6 "组合单元"对话框

(3) 单击"按行组合"或"整体组合"按钮。

提示

● 组合单元可以用该区域名或者区域中的任一单元名来表示。

● 组合单元实际上就是一个大的单元，所有针对单元的操作都对组合单元有效。

● 若要取消定义的组合单元，可以在"组合单元"对话框中，单击"取消组合"按钮实现。

5. 输入表间项目

报表的表间项目指报表的文字内容，主要包括表头内容、表体项目和表尾项目等。

例 7-7 根据以下表样录入表样文字。

	A	B	C	D	E	F
1	资产负债表					
2						
3						
4	资产	期末余额	年初余额	负债及所有者权益	期末余额	年初余额
5	一、流动资产					
6	货币资金					
7	交易性金融资产					
8	应收票据					

操作步骤

(1) 将光标移到 A1 单元，录入"资产负债表"。

(2) 将光标移到 A4 单元，录入"资产"。

(3) 将光标移到 A5 单元，录入"一、流动资产"。

(4) 重复以上操作，录入完成所有表样文字。

提示

● 在输入报表项目时，编制单位、日期一般不需要输入，财务报表系统将其单独设置为关键字。

● 项目输入完之后，默认的格式均为普通宋体 12 号，居左。

● 一个表样单元最多能输入 63 个字符或 31 个汉字，允许换行显示。

6. 定义单元属性

单元属性主要指单元类型、数字格式及边框样式等内容的设置。

例 7-8　分别将区域 B6:C12 和 E6:F12，设置为数值型的单元类型和逗号的数字格式。

操作步骤

(1) 将光标移到 B6 单元格并单击，拖动鼠标至 C12 单元(即选中 B6:C12)，选择"格式"|"单元属性"命令，打开"单元格属性"对话框，如图 7-7 所示。

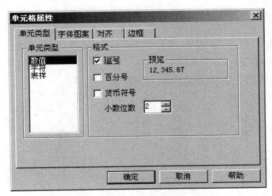

图 7-7　"单元格属性"对话框

(2) 选择"单元类型"中的"数值"单选按钮，选中"格式"中的"逗号"复选框。

(3) 单击"确认"按钮。用同样的方法继续设置 E6:F12 的单元属性。

提示

● 新建报表时，所有单元的单元属性均默认为数值型。

● 格式状态下，将输入的内容均默认为"表样"单元。

7. 设置单元风格

单元风格主要指的是单元内容的字体、字号、字型、对齐方式以及颜色图案等设置。设置单元风格会使报表更符合阅读习惯，而且更加美观清晰。

例 7-9 将"资产负债表"设置字体为"宋体"、字型为"粗体"、字号为"14"、水平方向和垂直方向居中。

操作步骤

(1) 将光标移到 A1 单元(即"资产负债表"所在单元)并单击，选择"格式"|"单元属性"命令，打开"单元格属性"对话框， 选择"字体图案"选项卡。

(2) 选择"字型"下拉列表框中的"粗体"选项，然后选择"字号"下拉列表框中的"14"选项，如图 7-8 所示。

图 7-8 设置"字体图案"选项卡

(3) 选择"对齐"选项卡，选择"水平方向"中的"居中"及"垂直方向"中的"居中"单选按钮，如图 7-9 所示。

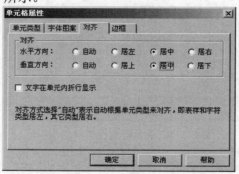

图 7-9 设置"对齐"方式选项卡

(4) 单击"确定"按钮。

例 7-10 将"资产"、"期末余额"、"年初余额"、"负债及所有者权益"、"期末余额"、"年初余额"设置为字体为"宋体"、字型为"斜体"、字号为"14"、水平方向和垂直方向居中。

操作步骤

(1) 将光标移到 A4 单元(即"资产"所在单元)并单击,拖动鼠标至 F4 单元,即用鼠标选中 A4:F4 单元格。

(2) 选择"格式"|"单元属性"命令,打开"单元格属性"对话框,单击"字体图案"选项卡。

(3) 选择"字型"下拉列表框中的"斜体"选项,然后选择"字号"下拉列表框中的"14"选项,单击"水平方向"中的"居中"及"垂直方向"中的"居中"单选按钮。

(4) 单击"确定"按钮。

提示

设置完成后可以在预览窗口里查看效果。

7.1.3　设置关键字

关键字主要有六种:单位名称、单位编号、年、季、月以及日,另外还可以根据自己的需要自定义关键字。

例 7-11　在 A3 单元中定义"单位名称",在 D3 单元中定义"年"。

操作步骤

(1) 将光标移到 A3 单元并单击,选择"数据"|"关键字"|"设置"命令,打开"设置关键字"对话框,如图 7-10 所示。

图 7-10　"设置关键字"对话框

(2) 选择"单位名称"单选按钮,单击"确定"按钮,完成 A3 单元关键字的设置。

(3) 将光标移到 D3 单元并单击,选择"数据"|"关键字"|"设置"命令,打开"设置关键字"对话框。

(4) 选择"年"单选按钮,单击"确定"按钮,完成 D3 单元关键字的设置。

提示

● 关键字在格式状态下定义,而关键字的值则在数据状态下录入。

● 每张报表可以同时定义多个关键字。

● 关键字如年、月等会随同报表数据一起显示,在定义关键字时既要考虑编制报表的需要，又要考虑打印的需要。

- 如果关键字的位置设置错误，可以选择"数据"|"关键字"|"取消"命令。取消后再重新设置。
- 关键字在一张报表中只能定义一次，即同一张报表中不能有重复的关键字。

7.1.4 编辑公式

在财务报表中，由于各种报表之间存在着密切的数据间的逻辑关系，所以报表中各种数据的采集、运算的勾稽关系的检测就用到了不同的公式，报表主要有计算公式、审核公式和舍位平衡公式。

计算公式是指为报表单元赋值的公式，利用它可以将单元赋值为数值或字符。对于需要从报表本身或其他如总账、工资、固定资产及核算等模块中取数以及一些小计、合计和汇总等数据的单元，都可以利用单元公式进行取数。

由于报表中的各个数据之间一般都存在某种勾稽关系，因此可以利用这种勾稽关系定义审核公式来进一步检验报表编制的结果是否正确。

生成报表的数据后往往非常庞大，不方便读者阅读；另外在报表汇总时，各个报表的货币计量单位有可能不统一。这时，需要将报表的数据进行位数转换，将报表单位数据由个位转换为百位、千位或万位，如将"元"单位转换为"千元"或"万元"单位，这种操作称为进(舍)位操作。

1. 定义单元公式

在定义公式时，可以直接输入单元公式，也可以利用函数向导定义单元公式。

直接输入公式

例 7-12　直接输入 C6 单元"货币资金"与"期末余额"的计算公式。

操作步骤

(1) 将光标移动到 C6 单元并单击。

(2) 选择"数据"|"编辑公式"|"单元公式"命令，打开"定义公式"对话框，如图 7-11 所示。

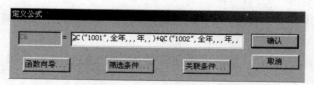

图 7-11　"定义公式"对话框

(3) 直接输入总账期末函数公式：直接输入"货币资金"和"期末余额"的取数公式"QM("1001",月,,,年,,)+ QM ("1002",月,,,年,,)+ QM ("1012",月,,,年,,)"。

(4) 单击"确认"按钮。

提示

在输入单元公式时，凡是涉及到数学符号和标点符号的均须输入英文半角字符。否则系统将认为公式输入错误而不能被保存。

利用函数向导输入公式

如果用户对财务报表的函数不太了解，直接定义单元公式有困难，可以利用函数向导引导输入公式。

例 7-13　使用"函数向导"录入 C8 单元(即"应收票据"年初余额单元)公式。

操作步骤

(1) 将光标移动到 C8 单元并单击。

(2) 选择"数据"|"编辑公式"|"单元公式"命令，打开"定义公式"对话框。

(3) 单击"函数向导"按钮，打开"函数向导"对话框。

(4) 在"函数分类"选项区选择"用友账务函数"选项，在"函数名"选项区选择"期初(QC)"选项，如图 7-12 所示。

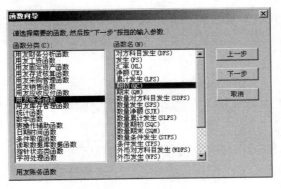

图 7-12　"函数向导"对话框

(5) 单击"下一步"按钮，打开"用友账务函数"对话框，如图 7-13 所示。

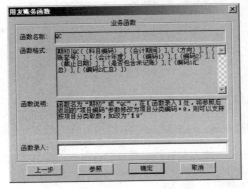

图 7-13　"用友账务函数"对话框

(6) 单击"参照"按钮，打开"账务函数"对话框，如图 7-14 所示。

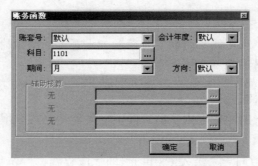

图 7-14 "账务函数"对话框

(7) 单击"科目"栏右侧的"…"按钮，选择"1121 应收票据"选项。

(8) 单击"确定"按钮。

提示

● 账套号和会计年度如果选择默认，以后在选择取数账套时，需要进行账套初始工作。如果直接输入，则不需再进行账套初始。

● 如果输入的会计科目有辅助核算，还可以输入相关辅助核算内容。如果没辅助核算，则"辅助核算"选择框呈灰色，不可输入。

2. 定义审核公式

在一般的报表中，有关项目之间或同其他报表之间存在一定的勾稽关系，可以根据这些关系定义审核公式。

例 7-14 资产总计的年初数=负债及所有者权益的年初数。

操作步骤

(1) 选择"数据"|"编辑公式"|"审核公式"命令，打开"审核公式"对话框，如图7-15 所示。

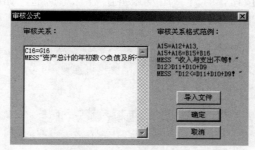

图 7-15 "审核公式"对话框

(2) 在"审核关系"列表框中输入：

C16=G16

MESS "资产总计的年初数<>负债及所有者权益的年初数";

(3) 单击 "确定" 按钮。

提示

审核公式在格式状态下进行编辑，在数据状态下执行。

7.1.5 保存报表

报表的格式设置完成之后，为了确保今后能够随时调出使用并生成报表数据，应将会计报表的格式保存起来。

例 7-15 将报表文件保存为 "资产负债表"。

操作步骤

(1) 在格式设计状态下，选择 "文件" | "保存" 命令(或者按 CTRL+S 键)，打开 "保存为" 列表框。

(2) 在 "文件名" 文本框中输入 "资产负债表"。

(3) 单击 "保存" 按钮。

提示

● ".REP" 为用友报表文件专用扩展名。

● 如果没有保存就退出，系统将弹出 "是否保存报表？" 对话框。

7.2 报表数据处理

报表数据处理主要包括生成报表数据、审核报表数据和舍位平衡操作等工作，数据处理工作必须在数据状态下进行。处理时，计算机会根据已定义的单元公式、审核公式和舍位平衡公式自动进行取数、审核及舍位等操作。

报表数据处理一般是针对某一特定表页进行的，因此，在进行数据处理时还涉及到表页的操作，如增加、删除、插入和追加表页等。

报表的数据包括报表单元的数值和字符以及游离于单元之外的关键字。数值单元能生成数字，而字符单元既能生成数字又能生成字符；数值单元和字符单元可以由公式生成，也可以由键盘输入。关键字则必须由键盘录入。

7.2.1 进入报表数据状态

要进入报表数据处理状态既可以使用菜单进入，也可以直接使用 "数据/格式" 切换按钮进入。

例 7-16 进入"资产负债表"数据状态。

操作步骤

方法一

(1) 选择"文件"|"打开"命令，打开"打开"对话框。

(2) 在"打开"对话框中，选择"资产负债表"，单击"打开"按钮。

方法二

直接在资产负债表的格式状态下，单击报表左下角的"数据/格式"按钮，进入报表的数据状态。

7.2.2　录入关键字

关键字是表页定位的特定标识，在格式状态下设置完成关键字以后，只有在数据状态下对其实际赋值才能真正成为表页的鉴别标志，为表页间、表间的取数提供依据。

例 7-17　录入关键字的内容：年为"2011"，月为"1"，日为"31"。

操作步骤

(1) 选择"数据"|"关键字"|"录入"命令，打开"录入关键字"对话框。

(2) 输入年为"2011"，月为"1"，日为"31"。

(3) 单击"确认"按钮，系统弹出"是否重算第 1 页？"提示对话框，如果此时就要生成有关报表数据，则单击"是"按钮，否则单击"否"按钮退出。

提示

● 每一张表页均对应不同的关键字，输出时随同单元一起显示。

● 日期关键字可以确认报表数据取数的时间范围，即确定数据生成的具体日期。

7.2.3　整表重算

当完成报表的格式设计并完成账套初始和关键字的录入后，便可以计算指定账套并指定报表时间的报表数据了。计算报表数据是在数据处理状态下进行的，它既可以在录入完成报表的关键字后直接计算，也可以使用菜单功能来计算。

例 7-18　计算光彩股份有限公司 2011 年 1 月的资产负债表数据。

操作步骤

(1) 选择"数据"|"表页重算"命令，系统弹出"是否重算第 1 页？"提示对话框，如图 7-16 所示。

图 7-16　表页重算提示对话框

(2) 单击"是"按钮，系统经过自动计算生成了光彩股份有限公司 2011 年 1 月的资产负债表数据。

7.3　报表模板

前面各步骤介绍的是自定义报表，它可以设计出个性化的报表，但如果对于一些会计实务上常用的、格式基本固定的财务报表进行逐一自定义无疑费时、费力。针对这种情况，用友财务报表系统为用户提供了多个行业的各种标准财务报表格式。用户可以套用系统提供的标准报表格式，并在标准格式基础上根据自己单位的具体情况加以局部的修改，免去从头至尾建立报表、定义格式公式的繁琐工作。

利用报表模板可以迅速建立一张符合需要的财务报表。另外，对于一些本企业常用但报表模板没有提供标准格式的报表，在定义完这些报表以后可以将其定制成报表模板，以后使用时可以直接调用。

7.3.1　调用报表模板并生成报表数据

系统中提供了多个行业的标准财务报表模板。报表模板即建立一张标准格式的会计报表。如果用户需使用系统内的报表模板，则可以直接调用。

例 7-19　调用执行"一般企业"(2007 年新会计准则)会计制度的"资产负债表"模板。

操作步骤

(1) 在财务报表窗口中，选择"文件"|"新建"命令，打开"新建"对话框。

(2) 在左侧的"模板分类"列表框中，单击选中"一般企业(2007 年新会计准则)"，在右侧的"一般企业(2007 年新会计准则)模板"栏中选中"资产负债表"，如图 7-17 所示。

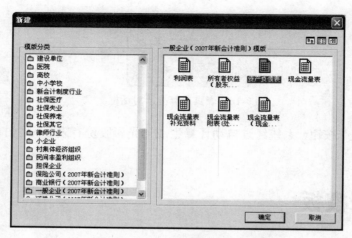

图 7-17 选择报表模板

(3) 单击"确定"按钮，打开"资产负债表"(格式状态)窗口。

(4) 系统弹出"模板格式将覆盖本表格式！是否继续？"提示对话框，单击"确定"按钮，出现如图 7-18 所示的"资产负债表"模板。

资产负债表

					会企01表
单位名称：xxxxxxxxxxxxxxxxxxxxxxxxx年			xx 月	xx 日	单位：元
资　产	**期末余额**	**年初余额**	**负债及所有者权益（或股东权益）**	**期末余额**	**年初余额**
流动资产：			流动负债：		
货币资金	公式单元	公式单元	短期借款	公式单元	公式单元
交易性金融资产	公式单元	公式单元	交易性金融负债	公式单元	公式单元
应收票据	公式单元	公式单元	应付票据	公式单元	公式单元
应收账款	公式单元	公式单元	应付账款	公式单元	公式单元
预付款项	公式单元	公式单元	预收款项	公式单元	公式单元
应收利息	公式单元	公式单元	应付职工薪酬	公式单元	公式单元
应收股利	公式单元	公式单元	应交税费	公式单元	公式单元
其他应收款	公式单元	公式单元	应付利息	公式单元	公式单元
存货	公式单元	公式单元	应付股利	公式单元	公式单元
一年内到期的非流动资产	公式单元	公式单元	其他应付款	公式单元	公式单元
其他流动资产			一年内到期的非流动负债		
流动资产合计	公式单元	公式单元	其他流动负债	公式单元	公式单元
非流动资产：			流动负债合计	公式单元	公式单元
可供出售金融资产	公式单元	公式单元	非流动负债：		
持有至到期投资	公式单元	公式单元	长期借款	公式单元	公式单元
长期应收款	公式单元	公式单元	应付债券	公式单元	公式单元
长期股权投资	公式单元	公式单元	长期应付款	公式单元	公式单元
投资性房地产	公式单元	公式单元	专项应付款	公式单元	公式单元
固定资产	公式单元	公式单元	预计负债	公式单元	公式单元

图 7-18 调用的"资产负债表"模板

提示

如果需要的报表格式或公式与调用的模板有所不同，可以在格式状态下直接修改，然后再进行系统初始、录入关键字和计算报表数据。

(5) 单击左下角的"格式"按钮，进入资产负债表的数据状态。

(6) 选择"数据"|"关键字"|"录入"命令，打开"录入关键字"对话框，如图 7-19 所示。

(7) 单击"确认"按钮。出现"是否重算第 1 页"的提示。

图 7-19　录入关键字

(8) 单击"是"按钮。生成了资产负债表的数据，如图 7-20 所示。

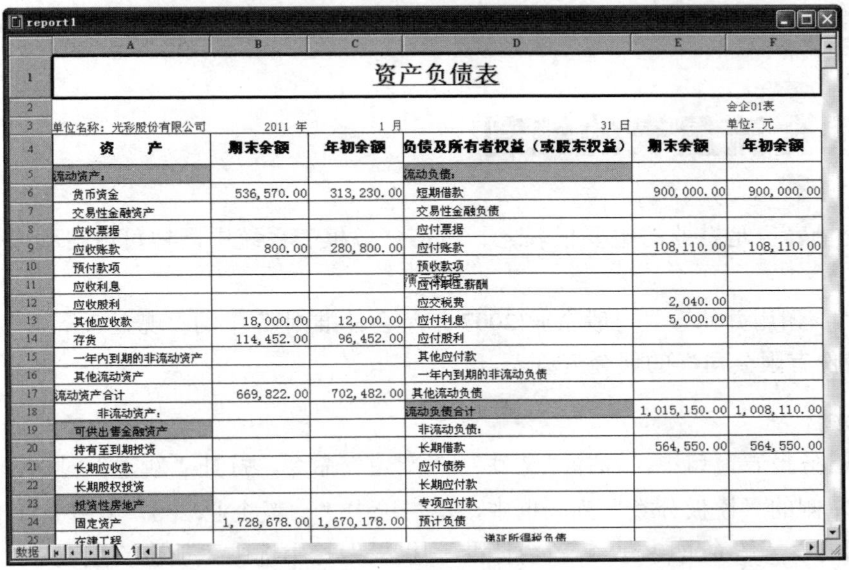

图 7-20　生成数据的资产负债表

提示

- 利用模块文件生成财务数据之前，要保证所有的凭证都已经记账。
- 生成资产负债表之前，要保证对由工资和固定资产模块传递到总账模块凭证上的相关科目数据进行对应结转和期间损益结转，否则，资产负债表不平衡。

7.3.2　自定义报表模板

用户除了使用系统中的会计报表模板外，还可以根据本单位的实际需要定制内部报表模板，并将自定义的模板加入系统提供的模板库内；也可以根据本行业的特征，增加或删除各个行业及其内置的模板。

自定义报表模板主要需要定义报表的所属行业及报表名称。

例 7-20　自定义报表模板。

操作步骤

(1) 在财务报表窗口中，设计出要定制为模板的会计报表。

(2) 选择"格式"|"自定义模板"命令，打开"自定义模板"对话框。

(3) 单击"增加"按钮，打开"定义模板"对话框，输入模板所属的行业名称，单击"确定"按钮返回"自定义模板"对话框。

(4) 单击"下一步"按钮，再单击"增加"按钮，选择要定义为报表模板的报表路径和报表文件。

(5) 单击"添加"按钮，再单击"完成"按钮，该报表便定制为一个会计报表模板。

提示

如果不再需要某张报表，则可以在此状态下删除。

7.4 现金流量表的编制

现金流量表也是企业的重要报表之一，在财务报表系统中同样可以自动编制现金流量表。

例 7-21 调用并修改"一般企业(2007 年新会计准则)"中的"现金流量表"模板，生成"光彩股份有限公司"的现金流量表。

操作步骤

(1) 在财务报表窗口中，选择"文件"|"新建"命令，打开"新建"对话框。

(2) 在左侧的"模板分类"列表框中，单击选中"一般企业(2007 年新会计准则)"选项，在右侧的"一般企业(2007 年新会计准则)模板"栏中选中"现金流量表"选项。

(3) 单击"确定"按钮，打开"现金流量表"(格式状态)窗口，如图 7-21 所示。

图 7-21 "现金流量表"模板

提示

● 预置的现金流量表模板没有公式。

● 上面显示的"编制单位"、"年"、"月"并不是关键字，要清除后，重新设置关键字。

(4) 双击"编制单位"所在的单元格，选中"编制单位"选项，按 delete 键将其删除。以同样的方法，删除"年和月"。

(5) 把光标定位在 A3 单元中，选择"数据"|"关键字"|"设置"命令，打开"设置关键字"对话框，选择"单位名称"单选按钮，单击"确定"按钮，完成"单位名称"关键字的设置。

以同样的方法，设置年和月的关键字。设置后，如图 7-22 所示。

	A	B	C
1	**现金流量表**		
2			会企03表
3	单位名称: xxxxxxxxxxxxxxxxxx	xxxx 年 xx 月	单位: 元
4	**项目**	**本期金额**	**上期金额**
5	一、经营活动产生的现金流量：		
6	销售商品、提供劳务收到的现金		
7	收到的税费返还		
8	收到其他与经营活动有关的现金		
9	经营活动现金流入小计		
10	购买商品、接受劳务支付的现金		
11	支付给职工以及为职工支付的现金		
12	支付的各项税费		
13	支付其它与经营活动有关的现金		
14	经营活动现金流出小计		
15	经营活动产生的现金流量净额		

图 7-22 重新设置"现金流量表"的关键字

(6) 把光标定位在 B6 单元中，定义"销售商品、提供劳务收到的现金"的本期金额公式。选择"数据"|"编辑公式"|"单元公式"命令，打开"定义公式"对话框。

(7) 单击"函数向导"按钮，打开"函数向导"对话框。选择函数分类为"用友账务函数"，选择函数名为"现金流量项目金额(XJLL)"，如图 7-23 所示。

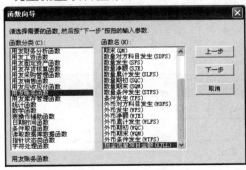

图 7-23 选择函数

(8) 单击"下一步"按钮，进入"用友账务函数"对话框，单击"参照"按钮，进入

"账务函数"设置对话框，如图 7-24 所示。

图 7-24 设置现金流量函数

(9) 因为将关键字设置到"月"，所以会计期间选择"月"，选择了会计期间后，不再设置"起始日期"和"截止日期"。账套号和会计年度选择"默认"选项，方向选择"借"选项。

(10) 单击"项目编码"后的参照框，弹出"参照"对话框，双击"01 销售商品，提供劳务收到的现金"。单击 3 次"确定"按钮，B6 单元格将显示"公式单元"。

(11) 同样的方法，设置其他项目的公式，需要注意的是：现金流入项目方向选择"借"选项，现金流出项目方向选择"贷"选项。

(12) 把光标定位在 B9，定义"经营活动现金流入小计"，选择"数据"|"编辑公式"|"单元公式"命令，打开"定义公式"对话框，输入"B6+B7+B8"，如图 7-25 所示。

图 7-25 定义汇总单元格公式

(13) 单击"确认"按钮。部分公式如下所示。

现金流量表

会小企 03 表

单位名称:XXXX　　　　　　　　　　XX 年 XX 月　　　　　　　　　　单位：元

项　　目	金　　额
一、经营活动产生的现金流量：	
销售商品、提供劳务收到的现金	XJLL(,,"借","01",,,,月)
收到的税费返还	XJLL(,,"借","02",,,,月)
收到的其他与经营活动有关的现金	XJLL(,,"借","03",,,,月)
经营活动现金流入小计	B6+B7+B8
购买商品、接受劳务支付的现金	XJLL(,,"贷","04",,,,月)

(续)

支付给职工以及为职工支付的现金	XJLL(,,"贷","05",,,,月)
支付的各项税费	XJLL(,,"贷","06",,,,月)
支付的其他与经营活动有关的现金	XJLL(,,"贷","07",,,,月)
经营活动现金流出小计	B10+B11+B12+B13
经营活动产生的现金流量净额	B9-B14
二、投资活动产生的现金流量：	
收回投资所收到的现金	XJLL(,,"借","08",,,,月)
取得投资收益所收到的现金	XJLL(,,"借","09",,,,月)
处置固定资产、无形资产和其他长期资产所收回的现金净额	XJLL(,,"借","10",,,,月)
处置子公司及其他营业单位收到的现金净额	XJLL(,,"借","11",,,,月)
收到的其他与投资活动有关的现金	XJLL(,,"借","12",,,,月)
投资活动现金流入小计	B17+B18+B19+B20
购建固定资产、无形资产和其他长期资产所支付的现金	XJLL(,,"贷","13",,,,月)
投资所支付的现金	XJLL(,,"贷","14",,,,月)

图 7-26　现金流量表部分公式

(14) 单击左下角的"格式"按钮，系统提示"是否重算表页？"，单击"是"按钮，进入现金流量表的数据状态。

(15) 选择"数据"|"关键字"|"录入"命令，打开"录入关键字"对话框。录入关键字，系统提示"是否重算第1页？"，单击"是"按钮，显示如图 7-27 所示。

图 7-27　现金流量表数据

提示

按照这种方法编制现金流量表，前提是必须在总账系统中指定了"现金流量科目"，并在填制凭证的时候，录入了现金流量项目和金额。

复习思考题

(1) 应如何进行报表格式设计？

(2) 应如何自行设计一张表格？

(3) 应如何根据报表"新会计制度科目—资产负债表"模板生成一张会计报表？

上机实验

请参照第 8 章相应实验。

(1) 实验八：报表格式设计及数据处理

(2) 实验九：利用报表模板生成报表

(3) 综合实验

第 8 章

上 机 实 验

实验一　系统管理

实验准备

安装用友 T3—用友会计信息化教学专用软件系统, 将系统日期修改为 "2011 年 1 月 31 日"。

实验要求

(1) 设置操作员

(2) 建立账套(直接启用 "总账" 系统, 启用日期为 "2011 年 1 月 1 日)

(3) 设置操作员权限

实验资料

1. 操作员及其权限

编　号	姓　名	口　令	所属部门	权　　限
LP	李平	001	财务部	账套主管的全部权限
ZH	张浩	002	财务部	公用目录设置及 "总账" 中除恢复记账前状态 (GL0209)外的所有总账系统的权限
WL	王力	003	财务部	总账和现金管理的所有权限

2. 账套信息

账套号: 303

单位名称: 大地股份有限公司

单位简称: 大地公司

单位地址: 北京市西城区西内大街 11 号

法人代表：张建

邮政编码：100035

税号：100011010255888

启用会计期：2011 年 1 月

企业类型：工业

行业性质：2007 年新会计准则

账套主管：李平

基础信息：对客户进行分类

分类编码方案如下。

科目编码级次：4222

客户分类编码级次：123

部门编码级次：122

实验二　基础设置

实验准备

已经完成了实验一的操作。可以引入光盘中的"303 账套备份\303-1"。将系统日期修改为"2011 年 1 月 31 日"，由操作员"LP"(密码：001)注册进入"用友会计信息化教学专用软件"系统。

实验要求

(1) 设置部门档案

(2) 设置职员档案

(3) 设置客户分类

(4) 设置客户档案

(5) 设置供应商档案

实验资料

1. 部门档案

部 门 编 码	部 门 名 称
1	行政部
2	财务部
3	市场部
301	采购部
302	销售部

2. 职员档案

职 员 编 码	职 员 姓 名	所 属 部 门
1	张建	行政部
2	宁静	行政部
3	李平	财务部
4	张浩	财务部
5	王力	财务部
6	孙然	采购部
7	陈强	销售部

3. 客户分类

类 别 编 码	类 别 名 称
1	东北地区
2	华北地区
3	西北地区

4. 客户档案

客 户 编 码	客 户 简 称	所 属 分 类
01	长春大伟纸业公司	1 东北地区
02	哈鑫公司	1 东北地区
03	蒙力公司	2 华北地区
04	中兴公司	2 华北地区
05	银飞食品集团	3 西北地区

5. 供应商档案

供 应 商 编 码	供 应 商 简 称	所 属 分 类
01	北京清远公司	00
02	大力公司	00
03	英华公司	00

实验三　总账系统初始化

实验准备

已经完成了实验二的操作。可以引入光盘中的"303 账套备份\303-2"。将系统日期修改为"2011 年 1 月 31 日"，由操作员"LP"(密码：001)注册进入"用友会计信息化教学专用软件"系统。

实验要求

(1) 设置系统参数

(2) 设置会计科目

(3) 设置凭证类别

(4) 输入期初余额

(5) 设置结算方式

实验资料

1. 303 账套总账系统的参数

不允许修改、作废他人填制的凭证

2. 会计科目

(1) "1001 库存现金"为现金总账科目、"1002 银行存款"为银行总账科目

(2) 增加会计科目

科 目 编 码	科 目 名 称	辅助账类型
100201	建行存款	日记账　银行账
122101	应收职工借款	个人往来
222101	应交增值税	
22210101	进项税额	
22210102	销项税额	
22210103	未交增值税	
660201	办公费	部门核算
660202	差旅费	部门核算
660203	工资	部门核算
660204	折旧费	

(3) 修改会计科目

"1122 应收账款"科目辅助账类型为"客户往来"；"2202 应付账款"科目辅助账

类型为"供应商往来"。

3．凭证类别

类 别 名 称	限 制 类 型	限 制 科 目
收款凭证	借方必有	1001，1002
付款凭证	贷方必有	1001，1002
转账凭证	凭证必无	1001，1002

4．期初余额

库存现金：15 000(借)

建行存款：185 000(借)

应收职工借款—孙然：10 000(借)

库存商品：60 000（借）

短期借款：50 000（贷）

实收资本：220 000（贷）

5．结算方式

包括现金结算、现金支票结算、转账支票结算及银行汇票结算。

实验四　总账系统日常业务处理

实验准备

已经完成了实验三的操作。可以引入光盘中的"303 账套备份\303-3"。将系统日期修改为"2011 年 1 月 31 日"，由操作员"LP"(密码：001)注册，进入"用友会计信息化教学专用软件"系统。

实验要求

(1) 由操作员"LP"设置常用摘要、常用凭证，审核凭证；由操作员"ZH"填制凭证、查询凭证、记账；由"WL"进行出纳签字。

(2) 填制凭证

(3) 审核凭证

(4) 出纳签字

(5) 将第 2 号付款凭证的金额修改为 1 000 元

(6) 删除第 1 号收款凭证并整理断号

(7) 设置常用摘要和常用凭证

(8) 记账

(9) 查询已记账的第 1 号转账凭证

(10) 冲销第 1 号付款凭证

实验资料

1. 常用摘要

摘 要 编 码	摘 要 内 容
1	报销办公费
2	发工资
3	出差借款

2. 2011 年 1 月发生如下经济业务

(1) 1 月 8 日，以现金支付办公费 800 元。

    借：管理费用—办公费(660201)(财务部)   800

      贷：库存现金(1001)   800

(2) 1 月 8 日，以建行存款 1 300 元支付销售部修理费。

    借：销售费用(6601)   1 300

      贷：银行存款—建行存款(100201)(转账支票 1122) 1 300

(3) 1 月 12 日，销售给哈鑫公司库存商品一批，货税款 70 200 元(货款 60 000 元，税款 10 200 元)尚未收到。

    借：应收账款(1122)(哈鑫公司)   70 200

      贷：主营业务收入(6001)   60 000

          应交税费—应交增值税—销项税额(22210102) 10200

(4) 1 月 22 日，收到孙然偿还的借款 7 000 元。

    借：库存现金(1001)   7 000

      贷：其他应收款—应收职工借款—孙然(122101) 7 000

3. 常用凭证

摘要：从建行提现金。凭证类别：付款凭证。科目编码：1001 和 100201，结算方式：现金支票结算。

实验五　出纳管理

实验准备

已经完成了实验四的操作。可以引入光盘中的"303 账套备份\303-4"。将系统日期修改为"2011 年 1 月 31 日",由操作员"WL"(密码:003)注册,进入"用友会计信息化教学专用软件"系统。

实验要求

(1) 查询日记账

(2) 查询资金日报表

(3) 银行对账

实验资料

1. 银行对账期初数据

企业日记账余额为 185 000 元,银行对账单期初余额为 200 000 元,有银行已收而企业未收的未达账(2010 年 12 月 20 日)15 000 元。

2. 2011 年 1 月银行对账单

日　　　期	结 算 方 式	票　　　号	借 方 金 额	贷 方 金 额	余　　　额
2011.01.08	转账支票	1122		1 000	199 000
2011.01.22	转账支票	1234	6 000		205 000

实验六　总账期末业务处理

实验准备

已经完成了实验五的操作。可以引入光盘中的"303 账套备份\303-5"。将系统日期修改为"2011 年 1 月 31 日",由操作员"LP"(密码:001)注册进入"用友会计信息化教学专用软件"系统。

实验要求

(1) 将未记账的凭证记账

(2) 定义转账分录

(3) 生成机制凭证

(4) 审核凭证并记账

实验资料

(1) 将"应交税费—应交增值税—销项税额"贷方发生额转入"应交税费—未交增值税"。

(2) 将"期间损益"转入"本年利润"。

实验七　账簿管理

实验准备

已经完成了实验六的操作。可以引入光盘中的"303 账套备份\303-6"。将系统日期修改为"2011 年 1 月 31 日"，由操作员"LP"(密码：001)注册进入"用友会计信息化教学专用软件"系统。

实验要求

(1) 查询"6601 销售费用"三栏式总账，并联查明细账及第 2 号付款凭证
(2) 查询余额表并联查明细账资料
(3) 查询"6602 管理费用"明细账
(4) 定义"6602 管理费用"多栏账
(5) 查询部门总账

实验八　报表格式设计及数据处理

实验准备

已经完成了实验七的操作。可以引入光盘中的"303 账套备份\303-7"。将系统日期修改为"2011 年 1 月 31 日"，由操作员"LP"(密码：001)注册进入"用友会计信息化教学专用软件"系统。

实验要求

(1) 设计"大地股份有限公司"简易的"利润表"格式
(2) 按"一般企业(2007 年新会计准则)"设计利润表的计算公式
(3) 生成"303 账套 2011 年 1 月份利润表"数据
(4) 保存"303 账套 2011 年 1 月份利润表"

实验资料

1. 表样内容

1	利　润　表	
2	编制单位：　　　　　　　年　　　　月	
3	项　　目	本期金额
4	一、营业收入	

(续表)

5	减：营业成本	
6	营业税金及附加	
7	销售费用	
8	管理费用	
9	财务费用	
10	加：投资收益(损失以"-"填列)	
11	二、营业利润(亏损以"—"号填列)	
12	加：营业外收入	
13	减：营业外支出	
14	三、利润总额(亏损总额以"—"号填列)	
15	减：所得税费用	
16	四、净利润(净亏损以"—"号填列)	

2．报表中的计算公式

位　　置	单 元 公 式
B4	FS("6001",月,"贷",,年)＋FS("6051",月,"贷",,年)
B5	FS("6401",月,"借",,年)＋FS("6402",月,"借",,年)
B6	FS("6403",月,"借",,年)
B7	FS("6601",月,"借",,年)
B8	FS("6602",月,"借",,年)
B9	FS("6603",月,"借",,年)
B10	FS("6111",月,"借",,年)
B11	B4－B5－B6－B7－B8－B9＋B10
B12	FS("6301",月,"贷",,年)
B13	FS("6711",月,"借",,年)
B14	B11＋B12－B13
B15	FS("6801",月,"借",,年)
B16	B14－B15

实验九　利用报表模板生成报表

实验准备

已经完成了实验六的操作。可以引入光盘中的"303 账套备份\303-6"。将系统日期修改为"2011 年 1 月 31 日",由操作员"LP"(密码:001)注册进入"系统管理"模块。

实验要求

(1) 按"一般企业(2007 年新会计准则)"生成 303 账套 1 月份的"资产负债表"
(2) 保存"资产负债表"到"我的文档"中

实验资料

(1) 单位名称为"大地股份有限公司"
(2) 编制时间为"2011 年 1 月"

实验十　工资系统初始化

实验准备

已经完成了实验三的操作。将系统日期修改为"2011 年 1 月 8 日"。引入光盘中的"303 账套备份\303-3"。由操作员"LP"(密码:001)注册进入"用友会计信息化教学专用软件"系统。

实验要求

(1) 启用"工资"系统(启用日期:2011 年 1 月 1 日)
(2) 建立工资账套
(3) 基础设置
(4) 设置工资项目
(5) 设置人员档案
(6) 设置计算公式

实验资料

1. 303 账套工资系统的参数

工资类别为"单个",工资核算本位币为"人民币",从工资中代扣所得税,进行扣零设置且扣零到角,人员编码长度采用系统默认的 10 位,工资系统的启用日期为"2011 年 1 月 1 日"。

2．人员附加信息

人员的附加信息为"学历"和"技术职称"。

3．工资项目

工资项目名称	类　型	长　度	小　数	增　减　项
基本工资	数字	8	2	增项
职务补贴	数字	8	2	增项
福利补贴	数字	8	2	增项
交通补贴	数字	8	2	增项
奖金	数字	8	2	增项
缺勤扣款	数字	8	2	减项
住房公积金	数字	8	2	减项
缺勤天数	数字	2	1	其他

4．银行名称

银行名称为"建设银行"。账号长度为 11 位，录入时自动带出的账号长度为 8 位。

5．人员类别

人员类别为管理人员、采购人员和销售人员。

6．人员档案

职员编号	人员姓名	学　历	职　　称	所属部门	人员类别	银行代发账号
0000000001	张建	大学	经济师	行政部(1)	管理人员	11022033001
0000000002	宁静	大学	经济师	行政部(1)	管理人员	11022033002
0000000003	李平	大学	会计师	财务部(2)	管理人员	11022033003
0000000004	张浩	大学	会计师	财务部(2)	管理人员	11022033004
0000000005	王力	大专	助理会计师	财务部(2)	管理人员	11022033005
0000000006	孙然	大学		采购部(301)	采购人员	11022033006
0000000007	陈强	大专		销售部(301)	销售人员	11022033007

7．计算公式

缺勤扣款=基本工资/22*缺勤天数

销售人员的交通补助为 100 元，其他人员的交通补助为 30 元。

住房公积金= (基本工资+职务补贴+福利补贴+交通补贴+奖金)*0.12

实验十一　工资业务处理

实验准备

已经完成了实验十的操作。可以引入光盘中的"303 账套备份\303-10"。将系统日期修改为"2011 年 1 月 31 日"，由操作员"LP"(密码：001)注册进入"用友会计信息化教学专用软件"系统。

实验要求

(1) 录入并计算 1 月份的工资数据
(2) 扣缴所得税
(3) 分摊工资并生成转账凭证
(4) 月末处理

实验资料

(1) 个人收入所得税应按"实发工资"扣除"2000"元后计税
(2) 2011 年 1 月有关的工资数据

职员编号	人员姓名	所属部门	人员类别	基本工资	职务补贴	福利补贴	奖金	缺勤天数
0000000001	张建	行政部(1)	管理人员	4 000	2 000	200	800	
0000000002	宁静	行政部(1)	管理人员	3 000	1 500	200	800	2
0000000003	李平	财务部(2)	管理人员	4 000	1 500	200	800	
0000000004	张浩	财务部(2)	管理人员	2 800	1 000	200	800	
0000000005	王力	财务部(2)	管理人员	1 500	900	200	1 000	
0000000006	孙然	采购部(301)	采购人员	1 500	900	200	1 200	
0000000007	陈强	销售部(302)	销售人员	1 200	800	200	1 100	

1．工资分摊的类型

工资分摊的类型为"应付职工薪酬"和"工会经费"。

2．有关计提标准

按工资总额的 2%计提工会经费。

3．分摊构成设置

计提类型 名称	部门名称	人员类别	借方科目	贷方科目
应付 职工 薪酬	行政部	管理人员	管理费用—工资(660203)	应付职工薪酬(2211)
	财务部	管理人员	管理费用—工资(660203)	应付职工薪酬(2211)
	采购部	采购人员	管理费用—工资(660203)	应付职工薪酬(2211)
	销售部	销售人员	销售费用(6601)	应付职工薪酬(2211)
工 会 经 费	行政部	管理人员	管理费用—工资(660203)	其他应付款(2241)
	财务部	管理人员	管理费用—工资(660203)	其他应付款(2241)
	采购部	采购人员	管理费用—工资(660203)	其他应付款(2241)
	销售部	销售人员	销售费用(6601)	其他应付款(2241)

实验十二　　固定资产系统初始化

实验准备

已经完成了实验十一的操作。将系统日期修改为"2011 年 1 月 8 日"。引入光盘中的"303 账套备份\303-11"。由操作员"LP"(密码：001)注册进入"用友会计信息化教学专用软件"系统。

实验要求

(1) 启用"固定资产"系统(启用日期：2011 年 1 月 1 日)

(2) 建立固定资产子账套

(3) 基础设置

(4) 录入原始卡片

实验资料

1．303 账套固定资产系统的参数

固定资产账套的启用月份为"2011 年 1 月"，固定资产采用"平均年限法"计提折旧，折旧汇总分配周期为一个月，当"月初已计提月份=可使用月份-1"时将剩余折旧全部提足。固定资产编码方式为"2-1-1-2"并采用手工输入方法，编码方式为"类别编码+序号"，序号长度为"5"。要求固定资产系统与总账进行对账，对账科目为"1601 固定资产"。累计折旧对账科目为"1602 累计折旧"。对账不平衡的情况下允许固定资产月末结账。

2. 部门对应折旧科目

部 门 名 称	贷 方 科 目
行政部	管理费用—折旧费(660204)
财务部	管理费用—折旧费(660204)
采购部	销售费用(6601)
销售部	销售费用(6601)

3. 固定资产类别

类别编码	类别名称	使用年限	净残值率	计提属性	折旧方法	卡片样式
01	房屋及建筑物				平均年限法(一)	通用样式
011	办公楼	50	2%	正常计提	平均年限法(一)	通用样式
012	厂房	50	2%	正常计提	平均年限法(一)	通用样式
02	机器设备				平均年限法(一)	通用样式
021	办公设备	5	3%	正常计提	平均年限法(一)	通用样式

4. 固定资产增减方式

增 加 方 式	对应入账科目	减 少 方 式	对应入账科目
直接购入	银行存款—工行存款(100201)	出售	固定资产清理(1606)
投资者投入	实收资本(4001)	投资转出	长期股权投资(1511)
在建工程转入	在建工程(1604)	报废	固定资产清理(1606)

5. 固定资产原始卡片

卡片编号	00001	00002	00003
固定资产编号	01100001	01200001	02100001
固定资产名称	1号楼	2号楼	电脑
类别编号	011	012	021
类别名称	办公楼	厂房	办公设备
部门名称	行政部	行政部	财务部
增加方式	在建工程转入	在建工程转入	直接购入
使用状况	在用	在用	在用
使用年限	50 年	50 年	5 年
折旧方法	平均年限法(一)	平均年限法(一)	平均年限法(一)
币种	人民币	人民币	人民币
原值	400 000	450 000	20 000
净残值率	2%	2%	3%
累计折旧	37 800	25 515	1 944
对应折旧科目	管理费用—折旧费	管理费用—折旧费	管理费用—折旧费

实验十三　固定资产业务处理

实验准备

已经完成了实验十二的操作。可以引入光盘中的"303 账套备份\303-12"。将系统日期修改为"2011 年 1 月 31 日",由操作员"LP"(密码:001)注册进入"用友会计信息化教学专用软件"系统。

实验要求

(1) 修改固定资产卡片

(2) 增加固定资产

实验资料

1.修改固定资产卡片

将卡片编号为"00003"的固定资产(电脑)的折旧方式由"平均年限法(一)"修改为"双倍余额递减法"。

2.新增固定资产

2011 年 1 月 15 日直接购入一台电脑并交付销售部使用,预计使用年限为 5 年,原值为 12 000 元,净残值为 3%,采用"年数总和法"计提折旧。

实验十四　固定资产期末处理

实验准备

已经完成了实验十三的操作。可以引入光盘中的"303 账套备份\303-13"。将系统日期修改为"2011 年 1 月 31 日",由操作员"LP"(密码:001)注册进入"用友会计信息化教学专用软件"系统。

实验要求

(1) 折旧处理

(2) 生成增加固定资产的记账凭证

(3) 在总账系统中对未审核的凭证进行审核并记账

综合实验

公共基础设置

一、系统管理

实验准备

安装用友会计信息化教学专用软件系统，将系统日期修改为"2011 年 1 月 31 日"。

实验要求

(1) 设置操作员

(2) 建立账套(不进行系统启用的设置)

(3) 设置操作员权限

实验资料

1．操作员及其权限

编　号	姓　名	口　令	所属部门	权　　限
A3331	王方	001	财务部	账套主管的全部权限
A3332	李勇	002	财务部	公用目录设置、总账
A3333	杨兰	003	财务部	"现金管理"及"总账"系统中填制凭证(GL0201)、出纳签字(GL0203)的权限

2．账套信息

账套号：333

单位名称：北方股份有限公司

单位简称：北方公司

单位地址：北京市海淀区上地路 1 号

法人代表：孙明磊

邮政编码：100088

税号：10001101069988

启用会计期：2011 年 1 月

企业类型：工业

行业性质：小企业会计制度

账套主管：王方

基础信息：对客户进行分类

分类编码方案如下：

科目编码级次：4222

客户分类编码级次：123

部门编码级次：122

二、基础设置

实验准备

已经完成了"系统管理"的操作。将系统日期修改为"2011 年 1 月 31 日"。以 A3331 号操作员注册进入"系统管理"。

实验要求

(1) 在"系统管理"中分别启用"总账"、"工资管理"及"固定资产"系统(启用日期为 2011 年 1 月 1 日)

(2) 设置部门档案

(3) 设置职员档案

(4) 设置客户分类

(5) 设置供应商档案

实验资料

1. 部门档案

部 门 编 码	部 门 名 称
1	综合部
2	财务部
3	市场部
301	采购部
302	销售部
4	加工车间

2. 职员档案

职 员 编 码	职 员 姓 名	所 属 部 门
1	张宏	综合部
2	江涛	综合部
3	王方	财务部
4	李勇	财务部
5	杨兰	财务部
6	宋风	采购部
7	张伟	销售部

3．客户分类

类 别 编 码	类 别 名 称
1	本地
2	外地

4．客户档案

客 户 编 码	客 户 简 称	所 属 分 类
01	强胜公司	1 本地
02	同达公司	1 本地
03	亿力公司	2 外地
04	银飞集团	2 外地

5．供应商档案

供应商编码	供应商简称	所 属 分 类
01	力兴公司	00
02	光明公司	00

三、总账系统初始化

实验准备

已经完成了"基础设置"的操作。将系统日期修改为"2011 年 1 月 31 日"，以 A3331 号操作员注册进入"用友会计信息化教学专用软件"系统。

实验要求

(1) 设置会计科目
(2) 指定会计科目
(3) 设置凭证类别
(4) 输入期初余额
(5) 设置结算方式

实验资料

1．会计科目

(1) 指定科目："1001 现金"为现金总账科目、"1002 银行存款"为银行总账科目
(2) 增加会计科目

科 目 编 码	科 目 名 称	辅助账类型
100201	工行存款	日记账 银行账
113301	职工借款	个人往来
550201	办公费	部门核算
550202	差旅费	部门核算
550203	工资	部门核算
550204	折旧费	部门核算
550205	其他	

(3) 修改会计科目

"1131 应收账款"科目辅助账类型为"客户往来"(无受控系统);"2121 应付账款"科目辅助账类型为"供应商往来"(无受控系统);"1111 应收票据"科目辅助账类型为"客户往来"(无受控系统);"2111 应付票据"科目辅助账类型为"供应商往来"(无受控系统)。

2．凭证类别

类 别 名 称	限 制 类 型	限 制 科 目
收款凭证	借方必有	1001,1002
付款凭证	贷方必有	1001,1002
转账凭证	凭证必无	1001,1002

3．期初余额

现金：14 000(借)

工行存款：196 000(借)

职工借款—宋风：10 000(借)

库存商品：60 000(借)

短期借款：60 000(贷)

实收资本：220 000(贷)

4．结算方式

结算方式包括现金结算、现金支票、转账支票及商业承兑汇票结算。

结算方式编码	结算方式名称
1	现金结算
2	支票结算
201	现金支票
202	转账支票
3	商业承兑汇票

总账系统

实验准备

已经完成了"总账系统初始化"的操作。将系统日期修改为"2011 年 1 月 31 日"，以 A3331 号操作员注册进入 333 账套"用友会计信息化教学专用软件"系统。

实验要求

(1) 由 A3331 号操作员设置"常用凭证"并"审核"凭证；由 A3332 号操作员对除"设置常用凭证"、"审核"凭证和"出纳签字"以外的业务进行操作；由 A3333 号操作员填制凭证并进行"出纳签字"、银行对账。

(2) 设置账套参数

(3) 填制凭证

(4) 出纳签字

(5) 审核凭证

(6) 将第 2 号付款凭证的金额修改为 3 000 元

(7) 删除第 1 号收款凭证并整理断号

(8) 设置常用凭证

(9) 记账

(10) 查询已记账的第 1 号转账凭证

(11) 银行对账

(12) 定义转账分录

(13) 生成机制凭证并依次进行审核和记账

(14) 对账

(15) 冲销第 1 号付款凭证

实验资料

1. 333 账套总账系统的参数

不允许修改、作废他人填制的凭证；出纳凭证必须经由出纳签字。

2. 常用摘要

摘 要 编 码	摘 要 内 容
1	报销差旅费
2	提现金
3	业务借款

3．2011 年 1 月发生如下经济业务

(1) 1 月 8 日，以现金支付办公费 800 元。

　　借：管理费用—办公费(550201)(财务部)　　　800

　　　　贷：现金(1001)　　　　　　　　　　　　　800

(2) 1 月 8 日，以工行存款 3 300 元支付销售部修理费。

　　借：营业费用(5501)　　　　　　　　　　　　　　　　3 300

　　　　贷：银行存款—工行存款(100201)(转账支票 4455)　3 300

(3) 1 月 12 日，销售给强胜公司库存商品一批，货税款 70 200 元(货款 60 000 元，税款 10 200 元)尚未收到。

　　借：应收账款(1131)(强胜公司)　　　　　　　　70 200

　　　　贷：主营业务收入(5101)　　　　　　　　　　　60 000

　　　　　　应交税金—应交增值税—销项税额 (21710106)　10 200

(4) 1 月 22 日，收到宋风偿还借款 8 000 元。

　　借：现金(1001)　　　　　　　　　　　　8 000

　　　　贷：其他应收款—职工借款(113301)—宋风　8 000

4．常用凭证

摘要：从工行提现金；凭证类别：付款凭证；科目编码为：1001 和 100201；结算方式：现金支票。

5．银行对账期初数据

单位日记账余额为 196000 元，银行对账单期初余额为 200 000 元，银行已收而企业未收的未达账(2010 年 12 月 20 日)4000 元。

6．2011 年 1 月的银行对账单

日　期	结算方式	票　号	借方金额	贷方金额	余　额
2011.01.08	转账支票	4455		3 000	197 000
2011.01.22	转账支票	1234	6 000		203 000

7．期末转账的内容

"应交税金—应交增值税—销项税额"贷方发生额转入"应交税金—未交增值税"；"期间损益"转入"本年利润"。

财务报表

实验准备

已经完成了"总账"系统的操作。将系统日期修改为"2011 年 1 月 31 日"，由 A3331

号操作员注册进入 333 账套 "用友会计信息化教学专用软件" 系统。

实验要求

(1) 设计利润表的格式

(2) 设计 "利润表" 的计算公式

(3) 生成自制利润表的数据

(4) 将已生成数据的自制利润表另存为 "1 月份利润表"

(5) 利用报表模板按 "小企业会计制度" 生成 333 账套 "2011 年 1 月" 的 "资产负债表"

(6) 保存 "资产负债表"

实验资料

1. 表样内容

	A	B	C	D
1		利 润 表		
	单位名称:	年 月		
3	项 目	行 次	本 月 数	本 年 累 计 数
4	一、主营业务收入	1		
5	减：主营业务成本	4		
6	主营业务税金及附加	5		
7	二、主营业务利润	10		
8	减：营业费用	11		
9	管理费用	15		
10	财务费用	16		
11	三、营业利润	18		
12	减：营业外支出	25		
13	四、利润总额	27		
14	减：所得税	28		
15	五、净利润	30		

2. 报表中的计算公式

位 置	单 元 公 式
C4	fs(5101,月,"贷",,年)
C5	fs(5401,月,"借",,年)

(续表)

位　　置	单 元 公 式
C6	fs(5402,月,"借",,年)
C7	C4--5-C6
C8	fs(5501,月,"借",,年)
C9	fs(5502,月,"借",,年)
C10	fs(5503,月,"借",,年)
C11	C7-C8-C9-C10
C12	fs(5601,月,"借",,年)
C13	C11-C12
C14	fs(5701,月,"借",,年)
C15	C13-C14
D4	?C4+select(?D4,年@=年　And　月@=月+1)
D5	?C5+select(?D5,年@=年　And　月@=月+1)
D6	?C6+select(?D6,年@=年　And　月@=月+1)
D7	?C7+select(?D7,年@=年　And　月@=月+1)
D8	?C8+select(?D8,年@=年　And　月@=月+1)
D9	?C9+select(?D9,年@=年　And　月@=月+1)
D10	?C10+select(?D10,年@=年　And　月@=月+1)
D11	?C11+select(?D11,年@=年　And　月@=月+1)
D12	?C12+select(?D12,年@=年　And　月@=月+1)
D13	?C13+select(?D13,年@=年　And　月@=月+1)
D14	?C14+select(?D14,年@=年　And　月@=月+1)
D15	?C15+select(?D15,年@=年　And　月@=月+1)

工资系统

实验准备

已经完成了"总账系统初始化"的操作，将系统日期修改为"2011 年 1 月 31 日"。以 A3331 号操作员注册进入 333 账套的"用友会计信息化教学专用软件"系统。

实验要求

(1) 建立工资账套

(2) 基础设置

(3) 设置工资项目

(4) 设置人员档案

(5) 设置计算公式

(6) 录入并计算 1 月份的工资数据

(7) 扣缴所得税

(8) 分摊工资并生成转账凭证

实验资料

1. 333 账套工资系统的参数

工资类别为"单个";工资核算本位币为"人民币";自动代扣个人所得税;进行扣零设置且扣零到元;人员编码长度采用 3 位。

2. 人员附加信息

人员的附加信息为"学历"和"技术职称"。

3. 人员类别

企业的人员类别包括"企业管理人员"、"采购人员"、"销售人员"和"其他人员"。

4. 工资项目

工资项目名称	类 型	长 度	小 数	增 减 项
基本工资	数字	8	2	增项
职务补贴	数字	8	2	增项
福利补贴	数字	8	2	增项
交通补贴	数字	8	2	增项
奖金	数字	8	2	增项
缺勤扣款	数字	8	2	减项
住房公积金	数字	8	2	减项
缺勤天数	数字	8	1	其他

5. 银行名称

银行名称为"工商银行"。账号长度为 11 位,录入时自动带出的账号长度为 8 位。

6. 人员档案

职 员 编 号	人 员 姓 名	学 历	职 称	所 属 部 门	人 员 类 别	银行代发账号
001	张宏	大学	经济师	综合部(1)	企业管理人员	11022088001
002	江涛	大学	经济师	综合部(1)	企业管理人员	11022088002
003	王方	大学	会计师	财务部(2)	企业管理人员	11022088003

(续表)

职员编号	人员姓名	学历	职　称	所属部门	人员类别	银行代发账号
004	李勇	大专	助理会计师	财务部(2)	企业管理人员	11022088004
005	杨兰	大专	助理会计师	财务部(2)	企业管理人员	11022088005
006	宋风	大学		采购部(301)	采购人员	11022088006
007	张伟	大专		销售部(301)	销售人员	11022088007

7. 计算公式

缺勤扣款=基本工资／22×缺勤天数

采购人员和销售人员的交通补贴为 300 元，其他人员的交通补助为 100 元。

住房公积金= (基本工资+职务补贴+福利补贴+交通补贴+奖金)×0.08

8. 个人收入所得税

应按"实发工资"扣除"2 000"元后计税。

9. 2011 年 1 月有关的工资数据。

职员编号	人员姓名	所属部门	人员类别	基本工资	职务补贴	福利补贴	奖金	缺勤天数
001	张宏	综合部(1)	企业管理人员	4 500	2 000	200	1 800	
002	江涛	综合部(1)	企业管理人员	3 000	1 500	200	800	
003	王方	财务部(2)	企业管理人员	4 000	1 500	200	800	
004	李勇	财务部(2)	企业管理人员	2 000	900	200	700	3
005	杨兰	财务部(2)	企业管理人员	2 000	900	200	700	
006	宋风	采购部(301)	采购人员	2 000	900	200	1 200	
007	张伟	销售部(302)	销售人员	1 900	800	200	1 100	

10. 分摊构成设置(按工资总额的 1.5%计提职工教育经费)

计提类型名称	部门名称	人员类别	项　目	借方科目	贷方科目
应付工资	综合部	企业管理人员	应发合计	管理费用—工资(550203)	应付工资(2151)
	财务部	企业管理人员	应发合计	管理费用—工资(550203)	应付工资(2151)
	采购部	采购人员	应发合计	营业费用(5501)	应付工资(2151)
	销售部	销售人员	应发合计	营业费用(5501)	应付工资(2151)
职工教育经费	综合部	企业管理人员	应发合计	管理费用—工资(550203)	其他应付款(2181)
	财务部	企业管理人员	应发合计	管理费用—工资(550203)	其他应付款(2181)
	采购部	采购人员	应发合计	营业费用(5501)	其他应付款(2181)
	销售部	销售人员	应发合计	营业费用(5501)	其他应付款(2181)

固定资产系统

实验准备

已经完成了"总账系统初始化"的操作，将系统日期修改为"2011 年 1 月 31 日"。以 A3331 号操作员注册进入 333 账套的"用友会计信息化教学专用软件"系统。

实验要求

(1) 建立固定资产子账套

(2) 基础设置

(3) 录入原始卡片

(4) 修改固定资产卡片

(5) 增加固定资产

(6) 计提本月折旧并制单

(7) 生成增加固定资产的记账凭证

实验资料

1. 333 账套固定资产系统的参数

固定资产账套的启用月份为"2011 年 1 月"，采用"平均年限法（一）"计提折旧，折旧汇总分配周期为一个月；当"月初已计提月份=可使用月份－1"时将提取全部剩余折旧。固定资产编码方式为"2-1-1-2"并采用手工输入方法，编码方式为"类别编码+序号"，序号长度为"5"。要求固定资产系统与总账进行对账，对账科目为"1501 固定资产"。累计折旧对账科目为"1502 累计折旧"。对账不平衡的情况下允许固定资产月末结账。

2. 部门对应折旧科目

部 门 名 称	贷 方 科 目
综合部	管理费用—折旧费(550204)
财务部	管理费用—折旧费(550204)
采购部	营业费用(5501)
销售部	营业费用(5501)
加工车间	制造费用（4101）

3. 固定资产类别

类别编码	类别名称	使用年限	净残值率	计提属性	折旧方法	卡片样式
01	房屋及建筑物				平均年限法(一)	通用样式
011	办公楼	30	2%	正常计提	平均年限法(一)	通用样式
012	厂房	30	2%	正常计提	平均年限法(一)	通用样式
02	机器设备				平均年限法(一)	通用样式
021	办公设备	5	3%	正常计提	平均年限法(一)	通用样式

4. 固定资产增减方式

增 加 方 式	对应入账科目	减 少 方 式	对应入账科目
直接购入	银行存款—工行存款(100201)	出售	固定资产清理(1701)
投资者投入	实收资本(3101)	投资转出	其他债权投资(140102)
捐赠	接受捐赠非现金资产准备(311102)	捐赠转出	固定资产清理(1701)
盘盈	待处理固定资产损益(1911)	盘亏	待处理固定资产损益(1911)
在建工程转入	在建工程(160302)	报废	固定资产清理(1701)

5. 固定资产原始卡片

卡 片 编 号	00001	00002	00003
固定资产编号	01100001	01200001	02100001
固定资产名称	1号楼	2号楼	电脑
类别编号	011	012	021
类别名称	办公楼	厂房	办公设备
部门名称	综合部	加工车间	财务部
增加方式	在建工程转入	在建工程转入	直接购入
使用状况	在用	在用	在用
使用年限	30 年	30 年	5 年
折旧方法	平均年限法(一)	平均年限法(一)	平均年限法(一)
开始使用日期	2000-01-08	2001-03-10	2002-06-01
币种	人民币	人民币	人民币
原值	400000	450000	20000
净残值率	2%	2%	3%
累计折旧	37800	25515	1944
对应折旧科目	管理费用—折旧费	制造费用	管理费用—折旧费

6. 修改固定资产卡片

将卡片编号为"00003"的固定资产(电脑)的折旧方式由"平均年限法(一)"修改为"年数总和法"。

7. 新增固定资产

2011 年 1 月 15 日直接购入一台电脑并交付销售部使用，预计使用年限为 5 年，原值为 12 000 元，净残值率为 3%，采用"年数总和法"计提折旧。

中小企业管理信息化人才成长轨迹

第一步：认识企业及工作习惯培养

第二步：单项业务技能训练

第三步：综合业务技能训练

第四步：岗前特训，面向岗位技能要求的专项训练

第五步：顶岗实习

全国信息技术应用培训教育工程
职业技能证书简介

主管单位：中华人民共和国教育部教育信息管理中心

颁发单位：中华人民共和国教育部教育信息管理中心

ITAT 教育工程是全国"信息技术及应用培训"教育工程(Information Technology Application Training)的缩写，是教育部教育管理信息中心于 2000 年 5 月 26 日启动的一项面向全国的普及型实用信息技术人才培养工程。ITAT 教育工程采用现代网络技术、多媒体技术等先进的教育技术手段，将最新、最实用的信息技术培训课程传送给学习者，极大地降低了培训教育成本，被专家誉为全国最大的 IT 培训"平民学校"。

ITAT 教育工程集培训、考试和认证于一体，通过遍布全国的授权培训基地，建立了覆盖全国的培训网络，让全国各地的学员都可以在当地获得优质 IT 职业技能培训，并参加相应的课程考试。通过考试的学员可以通过各地的培训基地申请办理由教育部教育管理信息中心颁发的 ITAT 技能认证证书，以此增强就业竞争力。

考试分为"企业管理信息化—财务"、"企业管理信息化—业务"、"企业管理信息化—供应链"、"企业管理信息化—生产制造"四门课程，分别面向不同的专业和就业方向。考试内容为用友畅捷通—T3、T6 软件，详细内容请登录 ITAT 教育网：

http://www.itatedu.com

"用友会计信息化应用师认证"简介

用友会计信息化应用师认证是用友软件股份有限公司为了满足市场需要,更好地为中小企业培养和储备信息化人才而推出的会计信息化应用培训与认证项目。

用友会计信息化应用师认证分为初、中、高三个级别,分别对应企业财务基础应用、企业财务标准应用、企业会计信息化全方位实施三个能力水平,每个级别都要求学员具有相应的从业经验或相关的知识背景。

学员在通过考核后将获得中国软件行业协会财务及企业管理软件分会、用友软件股份有限公司联合颁发的全国通用的应用师证书(用友会计信息化应用师认证证书),并将取得证书的学员的信息加入"用友通人才库"。

详情请登录:http://www.eltong.com.cn;http://www.chanjet.com